## 政大超人氣通識課「從漫畫看日本」

蔡增家 著

## 從漫畫看你不知道的日本政治奇觀

# 第二部

# 從漫畫看你不知道的日本社會萬象

# 第三部

## 從漫畫看你不知道的日本專業崇拜

# 第四部

## 從漫畫看你不知道的日本國際觀

【作者序】

# 從漫畫來理解真正的日本

我在國立政治大學開設「從漫畫看日本」這堂課，轉眼已邁入第七年了，在這七年當中，每學期都吸引將近八百位學生來選修，但受限於教室的座位，我每次最多只能收一百二十位學生，而學生也把這門課視爲在政大必定要修的一門課程，甚至還有學生戲言，沒有修過「從漫畫看日本」這門課，就好像沒有念過政大。

其實這門課以前並沒有那麼熱門，其前身課名是「日本政治經濟之研究」，當時每學期修課的學生屈指可數，這讓我感到相當失望，我一直在思考，日本是台灣學生最喜歡的國家，爲什麼他們會對日本的政治經濟沒有興趣？我百思不得其解，究竟是我的表達方式不夠好，還是我的教材不符合學生的需求，我反覆地思索。

直到有一天，我在日本東京的電車上，看到一位中年歐吉桑正在看漫畫，這個舉動讓我感到相當好奇，因爲在台灣，看漫畫的年齡層大多是小學生或國高中生，成年人如果看漫畫，一定會被他人看做是一項幼稚的舉動。而這位歐吉桑到底在看什麼漫畫呢？我好奇地看了一下封面——《黃昏流星群》，我下了電車，立刻衝到漫畫店找出來看，一看之後讓我相當震驚，也讓我迷上這本漫畫。

原來，《黃昏流星群》這本漫畫是在探討日本邁入高齡化社會所出現的社會問題，同時也告訴所有的年輕人，其實老人要的不只是物質金錢，而是需要子女更多的關懷，這顚覆我過去對於漫畫只是運動漫畫、少女漫畫的刻板印象，原來漫畫也能討論那麼嚴肅的社會問題，這也難怪在日本就連成年人也會看漫畫，因爲在日本，看漫畫就跟看書、看小說一樣，都是能獲得知識的管道，只是一個是用文字，一個是用圖像表達。而使用圖像來表達，反而更能吸引讀者，同時讓人印象深刻，連日本的選舉手冊都是用漫畫來呈現。

日本是全世界漫畫工業最爲先進的國家，甚至日本現任副首相麻生太郎都是個標準的漫畫迷，且在一九八〇年之後，日本出現許多探討政治、經濟及社會議題的寫實漫畫，例如《聖堂風雲》《島耕作》系列及《浪花金融道》，以及具教育意義與介紹許多特殊技能的專業漫畫，例如《神之雫》《東大特訓班》及《將太的壽司》，這些寫實及專業漫畫不僅大幅提升閱讀漫畫的年齡層，同時也強化漫畫內容的深度與廣度，讓閱讀漫畫不再是年輕人的專利，甚至在麻生太郎擔任首相時，都把《島耕作》系列漫畫，當成是贈送給外賓的國禮，因爲《島耕作》的內容是最能代表日本社會運作的作品。

也因此，我便大膽地把課名改成「從漫畫看日本」，嘗試以漫畫爲引子，先以閱讀漫畫，讓學生們在輕鬆的情境下了解目前日本的現勢與走向，之後再引導學生去閱讀與日本相關的專業書籍，如此一來想必能夠讓學生們對日本這個國家有更深一層的認識，與一番不同的見解，而我在課堂當中所介紹的漫畫，自然也是以寫實漫畫及專業漫畫爲主體。

《上一堂最好玩的日本學》這本書，便是依據我這七年來引介給同學的漫畫以及上課的內容所編寫而成的，希望讓無法上這門課的社會人士，也能夠藉由閱讀漫畫來了解日本。日本是距離我國最近的工業大國，但是我們對日本的理解卻又是何其貧乏。日本不是只有拉麵及溫泉，更不只有ＡＫＢ48及１０９辣妹，期許讀者們能透過這本書，學習如何從漫畫來理解眞正的日本。就讓這本書來帶領大家認識一個你不知道的日本吧！

蔡增家

二〇一五年二月六日

# 第一部

# 從漫畫看你不知道的日本政治奇觀

# 1 如「天神」般的日本官僚

日本官僚在任時享有相當大的行政權力，退休之後的路途也是相當多采多姿，這也難怪東京大學等名校畢業生，競相報考公務人員的有如過江之鯽。

前一陣子，我的日本朋友到台灣，在電視上看到台灣的官員在立法院被立法委員冷嘲熱諷、頤指氣使而大感吃驚，而台灣官員對國會議員的那份「敬畏感」，也讓他們感到不可思議。

因爲在日本，「官僚」（指經過公務人員考試通過的高級事務官）在民間的地位是相當崇高的。在日本人的眼中，學有專精的官僚，是戰後日本經濟高度成長的重要推手，沒有這些全能的官僚，日本不可能從戰後的廢墟當中復甦；反觀政治家（國會議員），則常被視爲當今日本金權政治的始作俑者，以及政治道德的敗壞者，他們常常收取大企業不當的政治獻金及回扣，以爲大企業的經濟利益護航。我們從日劇當中常常可以看到這番景象，官僚扮演著堅持理念的正義使者，而國會議員則被塑造成腦滿腸肥的政客。

日本人對官僚的敬畏，有來自政治體制的因素，當然也有政治文化的成分。

在政治體制上，日本是採行「內閣制」，在這種體制下，部會大臣（首長）通常只是國會議員論資排輩，以及派閥平衡的分贓政治下之產物，並非以其專業能力爲主要考量，所以我們常常可以看到，日本的防衛大臣（相當於台灣的國防部長）對於安全保障問題一竅不通；大藏大臣（相當於台灣的財政部長）對於數字一點概念也沒有；外務大臣（相當於台灣的外交部長）更不知道阿富汗的地理位置在哪裡。

而日本部會大臣對於專業知識的匱乏，並不會影響到日常整體政治的運作，因爲他們的決策判斷，全都來自於底下的事務官員，甚至部會大臣到國會的答詢稿，也都是這些官僚負責操刀擬稿，大臣們只要按表操課、照稿逐念即可，由此可見，官僚在日本政府決策上扮演著相當重要的角色。

唯一例外的，是小泉純一郎內閣時期所任命的外務大臣田中眞紀子，她出身於新潟縣的政治世家，父親是有「戰後日本金權教父」之稱的前首相田中角榮，她在小的時候，便常常隨著擔任首相的父親到各國訪問，因此田中眞紀子對於國際事務相當有興趣，也相當熟悉，所以在她擔任外務大臣期間，她對於日本外交政策便相當有主見，常常不按照官僚所擬的稿件答詢，甚至還會修改官僚提交給她的答詢稿，這讓外務省官僚相當沒有面子，之後這些保守派的官僚，竟然起身聯合，杯葛田中眞紀子所推動的政策，這不僅讓田中眞紀子成爲短命的外務大臣，也讓我們見識到日本官僚在政治上的重大影響力。

**田中真紀子**

日本政治家

## 台灣的肥貓，日本的天神

在政治文化上，日本的官僚大多出身於東京大學，東京大學是全日本最好的大學，也是日本眾多莘莘學子嚮往的名校。根據日本人事局的統計，日本每年的公務人員高等考試，東京大學畢業生的錄取率高達七〇％，特別是在大藏省（現稱之爲財務省）及經產省等重要部會（日本公務人員考試是由各部會單獨招考），因此在日本各部會當中，到處充斥著「東大幫」，而這些從小便是天之驕子的東大畢業生，在進入官僚體系之後，自然常常能夠得到外界關愛的眼神。

反觀台灣，最優秀的大學畢業生，通常不會把考公務人員當成是終身的志業，大家只想搶著當律師，投身高科技產業，或是進入跨國企業賺大錢，這也難怪台灣公務人員的社會地位會遠遠不及日本。

而日本人有多麼敬畏官僚呢？舉例來說，在台灣，我們把公務人員退休之後，到民間企業或是國營企業尋找事業第二春的人稱之爲「肥貓」，這些不事生產的「肥貓」，在台灣有如過街老鼠，人人喊打；但是在日本，情況卻是大不相同，日本人把退休官員到民間企業尋找第二春的人，稱之爲「天神下凡」（amakudari），意指他們有如掌握大權的天神下凡到人間。由此可見，日本官僚在日本人心目中的崇高地位，不論在位或是退休。因此，同樣是公務人員，在日本與台灣民間的觀感，卻有如天壤之別，難怪在台灣，通常是在不景氣時大家才會想到要考公務人員，把公務人員當成是社會最佳的避風港。

而全日本最優秀的大學畢業生，爲何會想要把考公務人員當成畢生的最大志業呢？也許有人會認爲是因爲日本公務人員的待遇比較高，但事實上，日本的公務人員待遇是遠低於大商社、大銀行的役員，而東京大學畢業生願意投身公務人員，主要是因爲日本官僚的權力相當大，同時對於各個企業擁有行政指導的特權；另外在相親市場當中，官僚經常是日本女性爭相追逐的目標。這也難怪，我們常常可以在東京霞關（日本中央政府所在地），看到日本官僚充滿自信的昂首闊步。

其次是日本官僚通常會把當上部會的事務次官（僅次於大臣，相當於台灣的次長），當成是公務人員生涯的最高榮耀，但是每個部會的事務次官畢竟只有一位，而日本爲了要維持升遷管道的和諧性，便發展出一套不成文規定，也就是同年考進公務人員的同期生當中，若有人當上事務次官，其他同期的人便要退休，因爲日本人不習慣晚輩當其上司，因此當上事務次官的人，就必須要爲退休的同期生安排後路，他們通常會被安排到政府所屬的事業法人擔任主管，或是由政黨安排競選國會議員，進入國會擔任「族議員」（日本國會議員當中，有將近四分之一是前官僚退休出身的）。

由此可見，日本官僚在任時享有相當大的行政權力，退休之後的路途也是相當多采多姿，這也難怪東京大學等名校畢業生，競相報考公務人員的有如過江之鯽。

## 拆解「天神官僚」的政治漫畫

但是日本官僚，眞如同外界所形容的那麼完美無缺嗎？日本有一部漫畫叫做《縣廳之星》，它使用詼諧的手法，一一拆解這些「天神」，讓我們發現日本官僚高高在上的權力背後，竟是如此不食人間煙火。

這部漫畫的作者是桂望實，他的作品並不多，但卻因爲《縣廳之星》這部漫畫一炮而紅。這部漫畫也曾被翻拍成日劇，由偶像明星織田裕二及柴崎幸主演，此部日劇的集數總共只有四集，但是對於刻畫日本官僚的「僚氣」，卻是如此的入木三分。

漫畫的內容主要敘述一位自視甚高的東大畢業高材生——野村聰，他把能夠進入官僚體系服務，當成是他畢生的目標。而他畢業之後也順利考上公務人員，進入縣廳（縣政府）擔任科員，就在他服務多年之後，縣廳內部頒布一項不成文規定，其規定若要晉升科長的話，必須先到民間企業進行研修，親自體會民間的酸甜冷暖，同時民間企業也會指派一位指導員來幫官員打分數，這項分數攸關其是否能夠升遷爲科長。而野村聰被指派的民間研修機構是一家超級市場，他被指

**縣廳之星**
作者：桂望實／今谷鐵柱
尖端出版

派到第一線當收銀員，並由一位單親媽媽擔任他的指導員。由一位學歷不高的單親媽媽來擔任他的上級指導員，野村自然感到相當的不服氣，但是歷經許多波折之後，他才開始學習放下身段。

作者在本部漫畫當中，利用了政府單位與民間企業性質的異同，讓野村在擔任收銀員時，對於民眾的提問，野村那「官腔官調」回答便成為本部漫畫的最大賣點。例如當有人問說爲何綁繩陳列處與賣場距離那麼遠，野村的回答竟是：「事事並非盡如人意，請多忍耐。」也有民眾問到特價的雞蛋，爲何那麼快就賣完，野村的回答是：「個人對此感到相當的遺憾。」

將官廳與民間企業作鮮明對比，讓我們看見官僚的不食人間煙火，其實是不分國籍的，我們也看到當「天神」下凡到人間時，其實也只是個「人」。如果官廳的官僚，也能像超市的收銀員般貼近民情，說著大家都聽得懂的話，人民對於政府的施政，應該會很有感吧！我們的官員是不是都該看看這本《縣廳之星》呢？

## 2 不依賴政府的日本人

日本人民對政治的漠不關心，讓戰後的日本政治始終掌控在少數的政治世家手中，例如在當今日本國會當中，幾乎有超過三分之一的國會議員是出身於政治二世。

二〇一一年，日本發生東北大地震，並伴隨著海嘯、核輻射及大規模停電所產生的複合式災害。在這次的災難當中，日本官僚表現出按表操課般的僵硬與不知變通，的確讓人大開眼界；而日本政府救災行動的緩慢與無效率，也讓人感受到日本強大經濟背後的脆弱性。

舉例來說，有家台灣的飲料公司以空運方式，緊急捐助日本災民數千箱礦泉水，但是幾週之後，卻仍然遲遲未到災民手中。原來在這人命關天的重要時刻，日本海關還在依照一般程序，對這些礦泉水進行檢疫。也有台灣會講日語的醫師，志願免費到福島災區爲災民進行救治，但卻不得其門而入。原來在救人如救火的關鍵時刻，日本政府卻還在反問這些台灣醫師，是否擁有日本的醫師執照。由此可見，日本官僚不論在承平或緊急，都是如此死抱法條與欠缺彈性。

但是在這次大震災當中，我們卻看不到有任何一位災民抱怨日本政府救災不力，或抨擊當時的首相菅直人遲遲未到現場探視。最讓人印象深刻的，是當時有一位災民接受NHK電視台專訪時所說的一句話，他說：「這次的意外是屬於天災，不論換誰執政都沒有辦法處理，我們不能因此苛責政府，況且我們

**菅直人**
日本第94任首相

也從來不依賴政府。」由此可見，日本人面對災難時，總是選擇默默地承受。

## 投票率低，世襲政治成常態

日本人的確從不依賴政府，這種現象充分表現在他們的投票率上，在台灣每逢大選時，總是動輒有高達七〇%以上的投票率；但在日本，投票率卻通常很少會超過五〇%，特別是在四十七個都道府縣的地方選舉，更是只有低到三〇%左右，例如二〇一四年的東京都知事（市長）選舉，整體投票率只有三一%。日本政府爲了提高投票率，曾經祭出各式各樣的方式刺激、吸引選民出來投票，例如以個人住所爲基準的不在籍投票；如果選民在投票日當天要出國也不用擔心，日本政府可以讓您先行投票；如果還是忘了投票，選民在抵達國外時還可以到當地的大使館投票。然而，即使日本政府推動這麼多的便民投票措施，但是每次選舉，投票率還是難以突破五〇%的大關。由此可見，日本人民對於政治的冷漠與不關心。

正因爲日本人民不熱中政治，不喜愛投票，因此在每逢災難的時候，自然也就不會依賴政府，而只能靠自己的自力救濟；反觀台灣在每逢大選時，每個選民都要風塵僕僕的回到戶籍所在地投票，而當每個人民都投入了這麼多成本與時間之後，自然在發生天災人禍時，總是企盼從政府手中獲得相對的回報。

君不見每次台灣發生大小事時，台灣的災民都一定要看到總統親自到場，如果我們的總統沒有及時到場，一定會被外界或輿論界批判為冷血、無感及漠視災民，由此可見，在台灣當個領導人眞的是不容易啊，但這卻是高投票率下的自然產物，爲政者也實在不必過度抱怨。也就是因爲日本人民對政治的漠不關心，所以讓戰後的日本政治始終掌控在少數的政治世家手中，例如在當今日本國會當中，幾乎有超過三分之一的國會議員是出身於政治二世，也就是他們都是承襲父親或是兄長的選區，而現今檯面上的日本政治明星，出身於政治二世的更是比比皆是。

例如現任的日本首相安倍晉三，便是出身於戰後日本最顯赫的政治世家，他的外祖父岸信介雖然是二次世界大戰的戰犯，但卻在戰後出任日本的總理大臣，因此有「昭和妖怪」之稱；而外祖父的胞弟佐藤榮作，也曾擔任首相長達八年，是日本戰後經濟高度成長的擘畫者；他的父親安倍晉太郎雖然沒有當過首相（只擔任外相），但卻是一九八〇年代日本政壇的三大領袖之一（另兩位是竹下登及宮澤喜一）。

又如日本當今的副首相麻生太郎，是出身於福岡的著名實業家族，他的祖父商而優則從政，以政商聯姻的方式，成爲日本有名的政治世家。例如麻生的外高祖父是「日本明治維新三傑」之一的大久保利通，外祖父吉田茂在戰後曾經五度擔任日本首相，麻生的夫人則是前首相鈴木善幸的三女兒，麻生的妹妹則嫁入皇室，成爲三笠宮親王寬仁的太太，而麻生本身也曾在二〇〇七年擔任日本首相。而日本世襲政治最有名的，當屬新潟縣的第三選區，該選區有長達四十年是由田中家族所把持，這讓日本表面雖爲民主國家，但實際上彷彿被政治世家所統治。

## 冷靜與熱情，台灣要哪種民主？

這也難怪，日本人戲謔一般人若要從政，則通常要具備「看板」「皮包」及「地盤」等三板（意指知名度、金錢、根據地，這三者日文發音都有ban），而日本人對於政治的漠不關心，也讓一般日本民眾對於從政的意願更加低落，一方面是沒錢沒勢，一方面則是難以突破當前政治世家所壟斷的局面，所以每次在大選時，許多政黨都要在報紙上刊登廣告，廣徵天下有意投入選舉的有志之士；反觀在台灣，每逢大小選舉，大家總是擠破頭，在僧多粥少的情況下，八搶一、甚至十搶一的畫面比比皆是，可見台灣人對於選舉的熱衷程度。台灣人對政治的狂熱，除了每天晚上各家電視台的政論節目之外，還有每逢選舉之前，造勢場合上動輒數十萬人的驚人場面，日本的政治學者及政治人物特別喜愛來台灣觀選，他們對於造勢場合上數十萬人搖旗吶喊高呼當選的場面爲之震撼，也深深欣羨台灣政治人物在民間有如明星一般的地位，畢竟這樣的景況，在日本是難以出現的。

例如日本最有人氣的前首相小泉純一郎，過去在人潮聚集的新宿車站東口演講時，台下通常都只有寥寥的數百人，其中還有部分是由他的保鑣來充數，以避免場面太難看，而最令人尷尬的是，當時有日本媒體記者現場訪問一位形色匆匆的潮男，問他是否認得在台上演講的人是誰，他竟然回答說：「看起來應該像是新宿區長吧。」以此對照台灣任何的販夫走卒，都能夠對檯面上的政治人物如數家珍，台灣的政治人物還是享有如明星般的魅力。另外台灣每逢選舉期間，總是街頭巷尾，候選人廣告肖像林立、旗海飄搖，深怕選民不認識他們，宣傳車也會在大街小巷亂竄，每到一處則鞭炮聲響四起，有如嘉年華般的熱鬧；反觀在日本，選舉期間總是靜悄悄的，彷彿什麼事也沒有發生般，因爲日本政府嚴格規定除了不能懸掛競選旗子之外，競選海報也要依規定張貼在固定的地方（大多在一般人根本不會走到的小巷弄中），這也難怪日本人從來不知道，也不關心有哪些候選人。

而日本的投票方式也相當奇特，一般國家的民眾在投票時，是把戳章蓋在候選人的號碼上方，而日本卻自詡爲識

**小泉純一郎**

日本第87、88、89任首相

字率百分之百，因此規定投票人必須要把候選人的姓名書寫在選票上，這種方式不但造成開票人員的困擾，同時也鬧出了許多笑話，例如有人會在選票上畫上一隻烏龜，選務人員就必須查對該選區是否有候選人的姓氏有「龜」字，例如「龜田」或是「龜吉」，如果有的話即為有效票，如果有兩位候選人姓氏有「龜」字，則視為無效票❶。這種選舉制度，讓日本選務人員在開票時，需花費相當多的時間來辨識選票。

另外，有關候選人的資訊來源相當稀少，不像在台灣是唾手可得。因此為了讓選民進入投票所時，能夠在選票上

日本選舉宣傳車

正確寫出自己的姓名，日本候選人的宣傳車通常不會說明自己的政見，大多只會播放自己的姓名，而且以不斷重複的方式，有如魔音穿腦般進到選民的耳裡，這麼做的主要原因便是希望在選民投下神聖的一票時，能夠想起自己的姓名。

他山之石，可以攻錯，看過日本的選舉百態之後，我們的執政者一定會欣羨日本人民的不依賴政府，同時也會抱怨台灣選民對政治的極度狂熱，以及對從政者的過度吹毛求疵。但是若人民不關心政治，對政治的過度冷漠，卻會如同日本，讓政壇由少數的政治世家所統治。不知道我們要的是哪種民主制度？

在日本的政治漫畫當中，有一部相當熱血的漫畫——《王牌至尊》，這部漫畫的作者是安童夕馬，本名樹林伸，他是一位多產的漫畫家，經常以不同的筆名創作出許多膾炙人口的漫畫，如以筆名青樹佑葉創作《閃靈二人組》，以天樹征丸爲名創作《金田一少年事件簿》，更以筆名亞樹直畫出《神之雫》及《心理醫恭介》

---

❶二〇一一年日本選舉法規定選票上必須書寫「片假名」「平假名」及「漢字」三種字體之一，才能視為有效票。

等漫畫。而《王牌至尊》是他唯一的一部政治漫畫。

《王牌至尊》的劇情描述一位日本青年——武藤國光，因爲看不慣政壇上充斥言不由衷的政治家，以及競相利益輸送的官僚，使得日本社會充斥著錯誤與扭曲的價值觀，也讓社會上隨處可見放棄理想的大人、沒有夢想的小孩，以及看不到希望的下一代。爲了改變這個腐敗的國家，內心充滿偉大理想與抱負的武藤國光，決定挺身而出，一手打造一個新日本。

武藤國光步入政治的首部曲，是到琦玉縣的一個鄉下地方，追隨他父親生前惟一認同的政治家——坂上龍馬，沒想到坂上當時卻因選戰失利欠下一屁股債，相當落魄潦倒，而坂上敗選的原

王牌至尊
作者：安童夕馬
東立出版社

因，竟然是反對市長從事開闢道路等無謂的工程建設而被挾怨報復拉下馬來。生性愛打抱不平的武藤國光一聽，立刻開著挖土機剷了一大堆土往市長的身上倒下去，此舉也引起地方商家一片叫好。

由於日本年輕人普遍對於政治冷感、冷漠，也從來不去投票，這讓日本政治被政治世家所壟斷，一般人更難有出頭的機會，因此，武藤國光覺得要改變日本政治就必須要從年輕人開始，他決心到學校當個教書匠，以實施校園民主及公民連署，來喚起年輕人對政治的關注，最後武藤國光更出馬競選千葉崎市的市長，挑戰工程圍標情事時有所聞，貪汙腐敗的現任市長。最後在經過一番激烈的選戰之後，武藤順利挑戰成功，並以此爲出發點，逐漸達成其改變日本政治的目標。

從日本再回頭來看台灣，政治素人柯文哲在網軍及年輕選民的加持下，打敗政治世家出身的連勝文，順利當選台北市長，這彷彿就是《王牌至尊》劇情的翻版，柯文哲似乎就是武藤國光的化身！安童夕馬在《王牌至尊》當中的預言雖然沒有在日本出現，卻於多年後在台灣實現。可見漫畫劇情，也不全是不可能成眞的幻想。

# 3 日本的蚊子館

從戰後以來，日本政府習於用擴大公共建設的手段推動經濟成長，同時在講究和諧、雨露均霑的政治文化下，日本蚊子館的數量甚至比台灣有過之而無不及，這是日本現今財政赤字高居世界第一的主因。

最近台灣有一本書：《海市蜃樓：台灣閒置公共設施抽樣踏查》，收錄全台灣一百一十九處完全閒置的公共設施（俗稱蚊子館），這本書引起社會相當大的迴響，也看出政府公共建設規畫的草率及無效率，其實公共建設本身無罪，因爲這些蚊子館的設立，大多是在民意代表及地方議員的壓力所造成的，他們讓政府的公共建設臣服於政治壓力，而無法以經濟效率爲考量。

例如在二〇〇〇年台灣國內觀光業開始蓬勃發展之後，幾乎每個縣都向中央政府要求興建國內機場，結果小小的台灣島擠滿了二十多座機場，密度居全球之冠，有些機場一天旅客不到一百人（如現已關閉的屏東機場），有些機場因爲落山風，一年只有開放七個月（恆春機場），但是政府卻還要配備龐大的塔台及機務人員，形成經濟資源及人力配置的嚴重浪費。

其實蚊子館不只是台灣的特有現象，號稱先進工業國家的日本，也不遑多讓，因爲從戰後以來，日本政府習於用擴大公共建設的手段推動經濟成長，同時在講究和諧、雨露均霑的政治文化下，日本蚊子館的數量甚至比台灣有過之而無不及，這是日本現今財政赤字高居世界第一的主因。

而日本政府的公共建設是如何受到來自政治的壓力呢？

在日本長野新幹線沿線，有一站叫「安中臻名」，它位於群馬縣的山谷中，距離東京都約有一百二十三公里，是人口不到一千人的小村町，而新幹線卻在此設站，其最重要的原因在於它是前首相中曾根康弘的故鄉（中曾根的出生地高崎市距離這裡只有十八公里），在一九八八年長野新幹線興建東京—長野路段時，正值中曾根康弘擔任日本首相，中曾根爲了要繁榮故里以及回饋選民，便要求當時負責興建新幹線的東海道公司在安中臻名設站。

在二〇〇〇年設站之後，日本政府雖然以開發新市鎮的方式，號召日本的通勤族能夠到安中榛名落籍，同時也以大量設立休閒度假村及高爾夫球場的方式，將安中榛名打造成世外桃源的度假聖地，但是根據二〇一三年的統計，該年平均每天上下車只有二百六十七人，是日本所有新幹線車站當中人數最少的車站，更是日本東海道鐵路公司所有車站當中，利用人數第二少的（僅次於岩手縣的沼宮內站），由此可見，其成效並不彰顯。

猶記得在二〇一二年我親自前往該站參訪時，發現下午時段只有兩班列車

**中曾根康弘**

日本第71、72、73任首相

停靠，其中一班只有兩人上下車，另一班則無人上下車，而在車站外頭排班的計程車司機倒在車內打瞌睡，當時我問他：「到這個車站的旅客都是什麼樣的人？」他很不耐煩地回答說：「都是像你這樣好奇的人。」由此可見，這個車站已成爲眾所矚目的焦點，而現今在日本的公民運動網站當中，還有一個專門討論安中臻名車站的網站。

## 造橋鋪路當政績，台日皆然

再把時序轉回到台灣，已經成爲台灣西部幹線主要動脈的台灣高鐵，目前已經設有七個車站，但是在當地民意代表的壓力下，之後又要再增設苗栗及雲林兩站，這讓只有短短三百六十公里的高鐵，竟設有大大小小共九個車站，這又要讓強調速度的台灣高鐵如何有效提速呢？由此可見，台灣與日本以政治爲考量來從事公共建設，的確是有異曲同工之妙。

而在政治人物的壓力下，日本的公共建設又是如何的無效率呢？日本另一個有名的「蚊子館」案例，也同樣是在前首相的故里，那是在群馬縣出身的小淵惠三，小淵的故鄉在群馬縣中之條町，中之條町是一個人口不到三千人的小村落，但卻擁有一座規模龐大的圖書館，以及一座華麗的歌劇院，我在二〇〇八年前往參訪時，發現中之條町的圖書館運作正常，館內藏書也不少，但是卻看不到任何讀者；對面的中之條町歌劇院，雖然每個星期都有舉辦活動，只是有興趣參加的村民卻寥寥無幾。

而在圖書館與歌劇院的之間的廣場，豎立著一座前首相小淵惠三的銅像，象徵著這兩座建築都是小淵惠三

**小淵惠三**
日本第84任首相

的政績，也顯示中之條町村民對於該村能夠出現一位總理大臣的驕傲。而台灣的政治人物也是同樣喜歡在橋梁及建築物上，刻上自己的大名，讓選民隨時隨地都要記得，這是由他爭取而來的政績，由此可見，台日兩國政治人物的好名，好像也沒有什麼兩樣。

而日本的公共建設又是如何的強調雨露均霑呢？一九八〇年代正當日本泡沫經濟的高峰期，日本政府在全國各地大興土木，包括東京灣的塡海計畫以及興建連接本州與四國的跨海大橋，當時原本依照日本國土交通省的規畫，以本州四國之間的交通流量，只要興建一座連接神戶及淡路島的明石大橋就足夠使用了，但是當時來自廣島的首相宮澤喜一，極力爭取在他的選區廣島也興建一座跨海大橋，同時出身四國德島的前首相三木武夫，也希望他的故鄉德島能夠擁有一座跨海大橋來繁榮經濟，這讓負責道路橋梁興建的道路公團陷入了左右爲難的境地，因爲這三位首相都是自民黨內的派閥大老。

就在三方政治勢力的相互角力之下，日本道路公團決定採取誰也不得罪的妥協方式，以同時興建明石大橋（神戶至淡路島）、鳴門大橋（兵庫到德島）及瀨戶大橋（岡山至香川）三座跨海大橋來滿足三位首相的需求，這種方式雖然皆大歡喜，但是卻苦了日本的財政，日本道路公團只能以日後徵收高額的過橋費，來應付龐大的建橋費用，而過橋費過於高昂，也連帶降低用路人使用跨海大橋的意願，這讓三座跨海大橋形成有名的蚊子橋。

由於日本的政治人物喜歡爲自己的家鄉及選區爭取公共建設，特別是新幹線及高速公路等重大公共工程，而日本道路公團也只能以不斷提高過路費，來滿足每一位政治人物的需求，這讓日本高速公路的過路費舉世最高，同時也讓

日本明石大橋

日本鄉間到處充斥著「無尾路」，更讓日本政府背負龐大的財政赤字。政治人物熱中於爭取公共建設，最後還是轉嫁到每位日本國民的身上，這讓現今日本政府的財政赤字高達每年國民生產毛額的二四六%，是全世界最高的國家，而龐大的財政赤字更是當今日本經濟遲遲無法復甦的主要原因，由此可見，成也公共建設，敗也公共建設。

## 用漫畫，暗諷充斥現實政治的民粹主義

日本漫畫家八坂考訓、戶田幸宏所畫的《改革之獸》，是一部嘗試要改變日本政治的奇想漫畫，劇情描述三位高中好友，分別來自於媒體圈（小林健次）、經濟界（菊池龍一）及黑道（坂口薰），他們雖然出身背景不同，但是卻有一個共同的目標，就是看不慣當前日本官商勾結的金權政治，同時他們也是當前日本政經體制下的受害者。

首先出身政治世家的菊池龍一，因爲自己的身體敗壞，再加上從政的父親只關

心他的繼承人身分，而且弟弟也因集團利益的鬥爭而慘死；其次在媒體圈打滾多年的小林健次，則是深切感受到日本媒體受到政治的牽引，甚至連基本的自主性都沒有；已在日本山口組逐漸竄出頭的坂口薰，小時候因爲政商角力，導致善良的父母被錢逼到自殺，不得已的他只能加入黑道，但他卻又發現已身爲黑道大哥的自己，卻連弱小的民眾都保護不了。

於是這三人便有志一同，他們找來了一位流浪漢，並透過一份希特勒所留下的祕密文件，以洗腦的方式徹底改造了他，還爲他取了一個新身分——星野國義，企圖透過媒體宣傳、政治顛覆以及黑道勢力來全面改造日本。

在漫畫當中，希特勒的這份祕密文件（應

改革之獸

作者：八坂考訓／戶田幸宏
台灣東販

該是暗喻《我的奮鬥》一書）當中寫道，若要全面改造一個國家，必須同時掌握宣傳、外交與武力，這與漫畫當中三位好友出身於媒體、經濟與黑道是不謀而合的。因此，被改造後的星野國義便以親民的作風來拉攏人民，並以熱血的口號來駕馭廣大群眾，但是卻以激烈的方式來對付當前的政府，意圖以收買人心的方式來顛覆政府、改造政府。

而縱觀這部漫畫，除了星野國義刻意表現出對民眾的親和態度與動作之外，其餘與希特勒在《我的奮鬥》這本書中，所要闡述的理論大致相同，也就是要掌握核心思想、掌控人心，之後再來重建國家，由此可見，本部漫畫作者八坂考訓、戶田幸宏是希特勒的忠誠信徒，而《改革之獸》這部漫畫也只是鼓吹民粹主義下的產物罷了。

《改革之獸》主張以政治宣傳來收買人心，以政治顛覆的方式來改造政府，這固然只是作者戶田幸宏的一種政治想像，但是回到現實面來看，當今日本政治人物動輒以公共建設來拉攏選民，不也是另一種民粹主義嗎？

## 4 日本的「老人政治」

日本在職場上講究論資排輩，當然這套習俗也充分體現在政治運作上，如國會在參眾兩院的議場上畫分「老鳥區」（資深議員）及「菜鳥區」（新進議員），兩者涇渭分明。

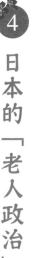

日本是大和民族，因此凡事講求以「和」爲貴，他們不喜歡表面上的衝突，重視背後的協商；他們講究事先的協調，不喜歡意外的驚奇。所以在日文當中，便有「根回し」（NEMAWASHI）這個字彙，來顯現日本這種特別的文化習性。

而這種文化習性反映在政治運作上，便是日本有名的「料亭政治」，原來在日本國會當中，議場上的開會通常只是形式，並非重點。因爲各大政治派閥領袖，早就在前一天晚上，邊享用高級料理邊把所有的利益都分配妥當了，隔天的開會自然就是一片和樂融融，這就是每當日本國會審議法案時，總是鼓掌一致通過，絲毫嗅不到任何煙硝味的主因。

此外，日本人從小就被訓練過著團體生活，學習在眾人當中不過度的表現自己，一切以團體利益爲重，我們常可在聚會的場合當中，觀察到日本人總是最低調的一群，因爲他們害怕自己成爲鎂光燈的焦點。例如我們每次在國外看到日本的旅行團，總是井然有序地跟著導遊的旗幟前進，彷彿失去了旗幟，他們就會迷失方向。

而日本人在日常的人際關係中，也擅長依照親疏遠近，把人與人的關係區分爲「內圈」與「外圈」，而這種講究團體、忽視個人的文化習性，體現在日

日本國會議場

本政治的運作上，便會出現「派閥」。這種成群結派的小圈圈政治，便成爲日本政治人物壯大自己的一種重要方式，因此每一位新當選的國會議員，在進入政壇之後的第一件事便是選擇加入哪個派閥，如果有人標榜自己是「無黨無派」，這在日本政治上就等同於「沒有前途」。

## 金權糾結的日本政壇

在新進的國會議員選擇加入派閥之後，派閥領袖便會爲他規畫今後的政治生涯，日本的派閥不似台灣各政黨內的派系，有如烏合之眾，忠誠度不強，常常在關鍵時刻跑票。日本的派閥有著相當強的凝聚力與紀律，主要原因在於每位派閥成員的所有選舉開銷，都是由派閥領導人來支付，因此只要加入派閥，就不用常常爲龐大的競選經費傷透腦筋，這也難怪日本派閥每每在關鍵性的投票時刻，從來沒有人會跑票。

日本每個政黨內部都會存在著大小不一的派閥，這些派閥通常會以領導人的姓氏爲名稱，例如當今首相安倍晉三所領導的派閥，便稱之爲「安倍派」，副首相麻生太郎的派閥，稱之爲「麻生派」，而當派閥領袖更換時，派閥的名稱也會隨之轉變，例如前首相橋本龍太郎下台之後，把派閥轉移給繼承人宮澤喜一之後，橋本派也就變成宮澤派，但是通常只是名稱改變，派閥成員卻是不變。

由於日本自民黨在戰後長期一黨執政，因此自民黨內的派閥最多，鬥爭也最爲激烈，自民黨內小的派閥通常爲四十至五十人，大的派閥可以到上百人，例如戰後自民黨最大的派閥「田中派」，在全盛時期成員便多達兩百人，占自民黨所有國會議員的五分之三強。

由於派閥成員的政治資金大多仰賴派閥領導人提供，這也意謂派閥領導人必須要有很強的募款能力，因此，派閥領袖通常會在民間，成立各種名目的後援會及研究會，來做爲收取企業政治獻金的白手套。但是成也資金、敗也資金，戰後日本最大派閥——田中派，其掌門人田中角榮，最後也因爲涉及龐大的利益輸送及收取不當政治獻金，而遭到法院起訴，斷送自己的政治前途。

從戰後以來，多少日本的政治人物，因爲政治獻金醜聞而下台，但是政治獻金的多寡，在日本政界當中，卻也成爲展現自己雄厚人脈，以及受歡迎程度（人氣）的最佳體現。但對於許多財力雄厚、含著金湯匙出身的政治世家子弟來說，他們通常不需要政治獻金的奧援，因此每當在選舉期間，各方在檢視政治獻金多寡時，便成爲他們最爲頭痛的事，他們害怕因此被評爲沒有「人氣」的候選人。

例如前民主黨首相鳩山由紀夫，在競選首相期間，便被對手批評爲沒有政治獻金，以及欠缺民意支持度的候選人，而鳩山爲了要對外展現他的「人氣」，竟然自掏腰包兩億日圓，要他的

鳩山由紀夫
日本第93任首相

祕書去編造政治獻金名冊，假裝是外界民眾捐贈給他的政治獻金。而根據日本《政治獻金法》規定，個人捐贈給候選人的獻金不得超過五萬日圓的上限，換句話說，他的祕書必須假造多達四千人的名冊，而鳩山的祕書爲圖方便，竟然派人到墓園去抄寫墓碑上的姓名，來做爲其政治獻金的名冊，且最後被日本政府查出，有人早在一九四〇年便過世，竟還能捐款給鳩山，成爲「幽靈」獻金的政治醜聞。最後，鳩山把政治責任推給祕書，才能全身而退。

另外一樁日本的政壇軼事，也是前民主黨籍首相菅直人的醜聞，他出身於

日本和尚身穿袈裟，
化緣時頭上會再戴上一頂斗笠。

街頭社會運動，以當一位平民首相而自許，因此，菅直人非常重視個人的清譽，至今仍住在老舊的小公寓。而他在擔任民主黨代表（黨主席）期間，突然被坊間雜誌披露他沒有繳交國民年金，事件爆發之後，菅直人在沒有查證的情況下，便對外公開道歉，也辭去民主黨代表一職，同時為了彌補他個人的疏失，他願意剃度穿上袈裟，走遍日本的八十八座神社（這是日本傳統贖罪的一種方式），而就在他剛走完八十八座神社之後，日本厚生勞動省才告知他，之前的訊息有誤，其實菅直人每年都有繳交國民年金，只是事務所的職員忘記登錄。這雖然只是一樁烏龍爆料，但是卻苦了菅直人，不過由此可見日本政治人物的程度。

## 首相大多出身農業縣之因

日本在職場上講究論資排輩，當然這套習俗也充分體現在政治運作上，如國會不僅在參眾兩院的議場上畫分「老鳥區」（資深議員）及「菜鳥區」（新進議員），兩者涇渭分明，同時也為了避免日本政治人物間的不當惡鬥，日本自民黨也發展出一套以當選次數，爲升遷基準的「年功序列制度」，例如連任三次以上的議員才可以擔任黨職幹部；連任五次以上才有資格擔任部會大臣；連任六次以上可以擔任「黨三役」❷；而要連任八次以上才有資格出馬競選首相。這雖然沒有明文的法律規定，但卻是日本政治運作的潛規則。這也難怪戰後以來的日本首相大多在七十歲以上，因爲能夠連任八次以上的議員，大多已經垂垂老矣，這也無疑日本政治會被稱之爲「老人政治」。

此外，日本政界還有一個特殊現象，那就是戰後以來，日本首相大多是出身於農業縣分（出身於神奈川縣的小泉純一郎除外），例如長野縣便曾經出現三位首相，依序爲中曾根康弘、小淵惠三及福田康夫，主要原因在於都市的年輕選民大多喜新厭舊，忠誠度也不高，因此政治人物想要在大都市長期連任並不容易。反觀鄉下選民忠誠度高，選區的議員也比較容易連任，由此可見，日本的農業縣議員，眞

❷自民黨的黨魁也是黨總裁，而幹事長、總務會長、政務調查會長三個職位，是僅次總裁的最高幹部，通稱「黨三役」。

是日本年功序列制下的最大受惠者。

而日本政治人物也像台灣一樣，除了日常會期的國會開會之外，也要經營選區，全心投入選民服務，他們通常星期五回到選區，星期二再返回東京，亦被稱爲「金歸火來」（日文的星期五爲金曜日，星期二爲火曜日）。而積極爲地方爭取公共建設，當然也不免成爲日本政治人物重要工作之一，由於日本的重量級議員皆是出身農業縣，他們自然能夠爲其選區爭取到更多的公共建設，這造成日本的農業縣獲得公共建設的經費，遠高於大都市的奇特現象。

日本寫實漫畫家弘兼憲史，因爲看不慣日本政治長期被派閥領袖及政治世家所主導，因此便畫出一部政治漫畫——《政治最前線》，影射當

**政治最前線**

作者：弘兼憲史

尖端出版

前日本老人政治及地方利益主導的困境。這部漫畫的主角是一位出身於鹿兒島政治世家的年輕政治家加治隆介，加治雖然身為政治二世，但是對政治卻不感興趣，可是他擔任國會議員的父親及兄長，卻在一次車禍意外當中喪生，加治便因此走上從政之路。

加治主張日本應該要拋棄過去一貫討好選民的狹隘地方主義，而堅持日本應該要積極改革開放，為日本國家整體的利益著想，因此，加治便在金權政治當道的迂腐氣氛下，為日本政治殺出一條改革之路，在漫畫當中，加治利用其他派閥之間的合縱連橫，一路從防衛廳長官、外務大臣、內閣官房長官，最後當上內閣總理大臣，完成他改革日本政治的心願。

可是回到現實當中，《政治最前線》至今已出版超過二十年了，但是日本政治仍然充斥著派閥政治與政治獻金醜聞。由此可見，對日本來說，政治改革似乎只是漫畫劇情當中的南柯一夢。

# 5 外交如料理，都是酸甜苦辣

日本政府經常利用政府的開發援助，將日本企業的觸角伸進該國的內需市場，既能獲得經濟援助的美名，又能達到攻略新市場的效果。

從過去以來，台灣的外交常常被戲稱爲「凱子外交」，因爲在台灣特殊的國際環境下，以及欠缺制度化、透明化的規範下，台灣對於邦交國的經濟援助，經常淪爲該國領導人的個人小金庫，例如在日前便傳出薩爾瓦多前總統佛洛雷斯（Francisco Flores），被該國新政府懷疑，他暗槓了台灣三億美元的賑災捐款。而如何將台灣對外的經濟援助，眞正使用在刀口上，讓被援助國的人民可以分享來自台灣的愛心呢？日本戰後的「政府開發援助」❸措施，也許可以做爲台灣的借鏡。

日本在二次世界大戰是戰敗國，但是當時的戰勝國家（美國、英國、法國及中國等協約國），並未向日本索取任何的戰爭賠償，因此到了一九七〇年代，當日本成爲亞洲的經濟大國之後，日本政府便以「政府開發援助」的形式，來協助中國大陸及東南亞國家發展經濟，以彌補這些國家在過去放棄戰爭賠償的經濟損失。

日本的「政府開發援助」主要內容，包含了無償贈款、日圓貸款以及技術協助等三種，但是從具體的項目來看，日本政府給予被援助國的無償贈與相當少，大多是日圓貸款及技術協助。從目的論來看，日本的政府開發援助，表面上是要協助該國改善基礎建設，提升人民的生活水平，而實際上，日本政府卻經常利用政府的開發援助，將日本企業的觸角伸進該國的內需市場，既能獲得經濟援助的美名，又能達到攻略新市場的效果。舉例來說，在前幾年新完成的從泰國曼谷市區到蘇瓦那朋的機場捷運，便是日本政府開發援助下的主要項目，而日本協助泰國政府興建這條三十公里長的機場捷運之條件，便是由大林組及三菱重工兩家日商建設公司來共同興建，以及負責後勤的維修工作，這有助於這兩家日本企業進入泰國的國內市場，

---

❸政府開發援助（Official Development Asistance，縮寫為ＯＤＡ），是已開發國家對發展中國家的一種經濟援助措施。

這也難怪我們現在到東南國家旅遊，日本品牌的汽車及家電用品，到處俯拾可見，因爲這些都是日本推展「政府開發援助」下的經濟成果。

## 日本，亞洲的外交孤兒

另一方面，日本的開發援助也積極配合外交戰略，在一九八〇年代，日本政府的主要外交政策目標是改善中日兩國關係，因此在當時日本每年的政府開發援助，大多使用在協助改善中國大陸的基礎設施及道路建設，而當二〇〇〇年中國大陸經濟崛起之後，日本便逐漸

日本政府協助開發的泰國機場捷運

將開發援助的重心，轉移到印度及中亞國家。而到了二〇一一年，當中國大陸取代日本成為世界第二大經濟體之後，加上中日釣魚台主權爭議逐漸升高下，日本政府便完全中止對中國大陸的開發援助。目前日本首要的開發援助國家是印度及緬甸，其主要目的便是要以經濟來拉攏這兩個國家，以共同圍堵中國大陸。

此外，從二次大戰之後，日本政府的外交政策，約略可以畫分為親美派與亞洲派兩種路線，而在傳統脫亞入歐的思維下，以及美日軍事同盟關係的約束下，親美派一直居於上風，而忽視了改善與中國大陸及韓國等鄰國的關係，同時日本政府的外交思維，一向認為只要美日關係穩固，中日關係及日韓關係自然能夠有效改善，在這種對美一邊倒的政策下讓日本雖然身處於亞洲，卻成為亞洲的外交孤兒，也讓日本雖然是亞洲經濟大國，卻一直無法成為亞洲的政治大國。

舉例來說，在一九九七年亞洲金融風暴發生之後，以馬來西亞為主的東南亞國家，希望東亞唯一的先進工業國家——日本，能夠擔負起亞洲經濟發展的領頭羊角色，並協助東亞各國積極促成「亞洲經濟共同體」的形成，但是當時的日本首相橋本龍太郎，卻忌憚美國的態度（美國政府的立場，是不樂意看見亞洲形成一個沒有美國的經濟共同體），而一直瞻前顧後、猶豫不決，最後東南亞國家便轉而尋求中國大陸的表態與支持，而共同簽署「中國─東協自由貿易協定」。

二〇〇九年日本民主黨上台之後，在傳統民主黨與中國大陸的友好關係下，便想要扭轉過去日本對美一邊倒的外交政策，而積極想要推動對美及對中的等距外交政策，但是這項政策卻受到來自美國政府的強大壓力，最後竟然演變成沖繩美軍基地遷移爭議的問題，形成美日兩國的緊張關係，在美國不信任民主黨政府的情況下，造成首相鳩山由紀夫的下台，同時也讓自民黨在失去政權三年後，找到重新上台的理由，由此可見，日本想要擺脫美國這個如來佛的神掌，似乎是相當困難的。

## 從料理看外交上的爾虞我詐

日本漫畫當中，討論外交議題的並不多見，本文介紹一部探討日本對東南亞外交政策的漫畫：《大使閣下的料理人》，顧名思義，這是一位日本駐外大使的廚師，把他駐外點點滴滴的觀察，所作成的個人回憶錄，而在現今日本的寫實漫畫當中，這種回憶錄性質的漫畫也愈來愈多。

例如近期也有一位銀座酒店的媽媽桑，想要把她這三十多年以來，在酒店內的所見所聞，以及顧客千奇百怪的習性，畫成一部漫畫叫做《媽媽桑的悄悄話》，由於日本檯面上的政治人物，大多曾經光顧過這位媽媽桑的酒店，因此這部漫畫的出台，勢必將會引起日本政壇不小的震撼。由此可見，回憶錄的題材，不但讓日本漫畫多元化，同時也豐富故事內容的可讀性。

而《大使閣下的料理人》這部漫畫的作者叫西村滿，他原本是東京日航酒店的法國餐廳主廚，在一個偶然的因緣際會下，認識了當時日本外務省官員小倉和夫，小倉先生非常喜愛西村所做的料理，他特別欣賞西村常常會依循著不同顧

大使閣下的料理人
作者：西村滿
尖端出版

客的特性與背景，以及觀察當時現場的氛圍，而調製出不同口味的料理，以達到賓主盡歡的目的。

因此，當日後小倉和夫要被外派到越南擔任大使時，便希望西村滿能夠跟隨著他到越南，從事料理外交，而日後西村滿便把他在越南三年以來的所見所聞寫成劇本，再由插畫家川隅廣志畫成《大使閣下的料理人》。

這部漫畫的主角是料理人大澤公（西村滿），及駐越南大使倉木和也（小倉和夫），劇情強調外交是個難以決斷的布局，無論是一句話、一個眼神，都可能被對方誤解成針對性的敵意，一句句針鋒相對的話語，在國家利益與尊嚴之間拉鋸的談判交涉，隨時都有可能爆發成緊張關係的決策與談話，但這一切的事件與衝突發生點，都常常會因爲大澤公的刻意安排，而被放在餐桌上進行，從料理當中來描繪外交上的爾虞我詐。

例如漫畫劇情當中曾經描述，有位低階外交官無意間拿了過期的香檳招待美國駐越南大使，差點導致美日關係交惡；也有因爲拿出了自己改良的某國傳統料理，導致某國官員感受到不被尊重拂袖而去；更有藉由法國愛麗舍宮美日英法四國元首的非正式晚宴，獲得極高的評價，因而影響在談判桌上的外交關係。

在漫畫當中，大澤公總是以料理來表達他自我的學習與感受，也就是因爲這樣的能力，每當倉木大使在餐桌上的外交談判遇到瓶頸時，大澤公總能夠在餐桌上，適時端出最佳的料理，來幫助倉木大使度過種種的外交難關。

《大使閣下的料理人》推出之後，不但深受日本廣大漫畫迷的喜愛，同時也獲得第六屆日本文化廳的最佳漫畫賞大獎，於是日後西村滿便再繼續推出料理外交漫畫的續集——《首相閣下的料理人》，這部漫畫仍然由西村滿執筆，但卻改由另一個插畫家大崎充作畫。這部漫畫不同於《大使閣下的料理人》是以回憶錄的眞實故事爲題材，而改以二次大戰後的日本政治爲題材，以吉田茂首相執政時期的歷史爲背景，所畫出的歷史科幻漫畫。

小倉和夫在外務省退休之後，曾經擔任日本國際交流基金的理事長，筆者有一次在東京與小倉大使碰面，赫然發現小倉大使本人的長相，竟然與漫畫當中所描繪的一模一樣！由此可見日本漫畫的考據與寫實性。想要了解日本戰後外交的讀者，何不來看看這部《大使閣下的料理人》？

## 6 右翼想像下的國家正常化

安倍在二〇一二年第二次上台之後，在經濟政策上，他推出「安倍經濟學」，意圖復甦已低迷長達二十餘年的日本經濟；在政治議題上，他主張修改憲法，並推動富國強兵計畫，讓日本找回往日大國的榮光。

到過日本旅遊的人，常常會在新宿車站或是澀谷等人潮擁擠的地方，看到有輛貼滿菊花旭日旗及「敬愛倭塾」標語的宣傳車，以高亢的喇叭放送著政治口號及軍歌，但是卻沒有任何日本民眾願意停下腳步來駐聽，那就是日本右翼團體的宣傳車（街宣車），它們不但常常會到人多的地方宣揚他們的政治理念，也會到中國、韓國及俄羅斯等國的駐日使館周邊示威抗議。

日本右翼團體的歷史相當悠久，它起源於二十世紀初的軍國主義時期，但興盛於二次大戰日本戰敗後，他們主張維護日本國體，敵視共產主義及與日本有領土糾紛的國家，例如中國、俄羅斯、韓國及北韓，他們也否認過去日本在二次大戰期間侵略的歷史，包括南京大屠殺及慰安婦的史實，同時他們支持日本首相參拜靖國神社，以及修改憲法第九條，讓日本成爲眞正的正常國家。目前日本全國約有一千多個右翼團體，總人數約爲十萬人左右。

日本的右翼團體相當複雜，各自的政治信仰及路線主張，也都大不相同，有些主張使用暴力，有些強調激進路線，有些還與黑道暴力團相互掛勾，例如日本青年社便是由暴力團「住吉會」所組成的右翼團體，日本皇民黨則與黑

日本右翼團體的宣傳車

道組織「稻川會」互通聲息，他們曾經駕車衝撞中國駐大阪領事館；而大日本愛國黨更是走政治暗殺的激進路線，在一九六〇年曾經有位大愛國黨分子山口二矢，持刀刺死正在講台上演講的日本社會黨領袖淺沼稻次郎，震驚當時的日本社會。

日本右翼團體的人數雖然不多，但是卻多為著名的政論家及小說家，所以占據了日本主流媒體及雜誌等重要的發聲管道，因此，在日本輿論界具有相當大的影響力，有時候連日本首相都不得不買帳；同時日本右翼團體也在日本政界占有一席之地，當前日本的執政黨——自民黨當中，便有許多是支持右翼理念的國會議員，而由前大阪市長橋下徹所成立的「日本維新會」（目前該黨與連結黨合組「維新黨」），更是標準的日本右翼團體所組成的政黨。

## 右翼的安倍晉三

在當今日本，大家最耳熟能詳的右翼人士，當屬前東京都知事（市長）石原愼太郎，石原是日本著名的小說家出身，他的小說《太陽的季節》，曾經獲得一九五六年的日本「芥川賞」（日本最高榮譽的小說獎），之後他學而優則仕，藉著民間的高人氣投入政界，當選多屆的日本參眾議員，並從二〇〇三年起四度當選東京都知事，並在二〇一二年與橋下徹共組日本維新會，之後因為雙方理念不合，而於二〇一四年另組次世代黨，並自任為黨主席。

石原慎太郎的政治主張是反對美國的帝國主義，他認為戰後的日本，只是美國的「情婦」，因為國家及民族的自主性都被剝奪殆盡；同時他也反對中國的民族主義，支持刪除教科書當中所有的侵華歷史，因為他認為那大多為中國

石原慎太郎

日本政治人物，曾任東京都知事

人所虛構的。他在二〇一一年辭去東京都知事前，還臨去秋波，宣布東京都將以六億日圓來購買釣魚台，這件事引發中日兩國間的釣魚台主權爭議，至今還遲遲無法平息。

另一個被認爲具有右翼色彩，就是現今的日本首相安倍晉三，安倍出身於日本戰後最顯赫的政治世家，他的外祖父是戰後國際法庭的戰犯，同時也曾經擔任兩任總理大臣的岸信介，他的外叔公佐藤榮作也曾經擔任首相長達六年，是戰後日本經濟高度成長的奠基者，他的父親安倍晉太郎則擔任過日本外務大臣，是當時日本政壇四公子之一，而他

**安倍晉三**

日本第96、97任首相

自己本身則在二〇〇六年及二〇一二年，兩度擔任日本首相（第一次擔任日本首相時，因健康理由辭職）。

安倍在二〇一二年第二次上台之後，在經濟政策上，他推出「安倍經濟學」，意圖復甦已低迷長達二十餘年的日本經濟；在政治議題上，他主張修改憲法，並推動富國強兵計畫，讓日本找回往日大國的榮光；在釣魚台政策上，他主張以增加防衛預算來強化對釣魚台海域的防禦，同時也要推動「自由與繁榮之弧」政策，積極拉攏亞洲鄰國來共同對抗中國大陸的軍事崛起。因此，在安倍執政期間，中日兩國關係陷入前所未有的低潮。

## 藉由漫畫，一圓正常國家的想像

很特別的一件事，是日本的漫畫家也大多是右翼保守人士，例如小林善紀及秋山喬治等人，尤其在軍事漫畫家當中特別顯著，因此，日本的軍事漫畫大多在探討日本在明治時期的往日榮光，或者在分析日本擺脫戰後和平憲法之後，如何重新成爲一個軍事大國。

在日本軍事漫畫當中，最著名的當是川口開治的《沉默的艦隊》與《次元艦隊》這兩部作品，其中《沉默的艦隊》是一本科幻式的軍事漫畫，它的主要劇情敘述日本受限於戰後「和平憲法」及「非核三原則」的限制，讓日本不能自主研發核子武器，也不能擁有核子動力潛艇，但是由於國際情勢的轉變（據悉是影射中國的軍事崛起），便由日本支出全額的費用，由日美兩國共同祕密打造一艘核子動力潛艇——海蝙蝠號。

海蝙蝠號雖然隸屬美國第七艦隊，但是船長卻是日本籍的海江田。海江田厭惡當今世界強權，競相以發展核子武器來相互對峙，形成一種相互保證毀滅的恐怖平衡，同時大國也挾持其強

次元艦隊
作者：川口開治
尖端出版

沉默的艦隊
作者：川口開治
尖端出版

大的政治力與軍事力，壓迫其他小國的生存空間，於是爲了實現自身的理念，海江田便對外宣布將海蝙蝠號改名爲「大和號」，同時「大和號」也將提供世界其他無核武國家，當成一種「核屛障」的保護。

爲了要達到上述目的，海江田便在日本東南外海宣布軍事叛變，同時在海江田的指揮下，「大和號」也意外的接連重創美國及蘇聯的太平洋艦隊，之後美國政府雖然派遣最先進的海狼級潛艦，並發射核子導彈來對抗「大和號」，但是「大和號」技高一籌，擊潰美國強大的大西洋艦隊，並與印度、蘇聯、中國、法國及英國的潛艦，一同進入位在紐約的聯合國大廈。

之後海江田船長與美國總統共同宣布新的政治宣言，但是在此時，故事卻出現相當大的轉折，海江田在演說時竟慘遭暗殺，並成爲植物人，這個荒謬的結局，爲這部漫畫譜下了句點。由此可見，《沉默的艦隊》這部漫畫是山口開治嘗試對於日本受制於戰後和平憲法，而無法成爲一個眞正的軍事正常國家，所發出的一種呼聲，同時也道出日本在戰後六十年的今天，仍然沒有一個能夠保家衛國的軍隊之荒謬性（日本目前的主要軍力仍是自衛隊），日本在現實生活中無法達成，但是在漫畫當中卻能夠憑著自身的想像力，肆意馳騁。

山口開治的另一部軍事漫畫《次元艦隊》，則是《沉默的艦隊》的延伸，主要劇情敘述一艘配有神盾級系統的日本巡洋艦——未來號，在一次前往南美洲，平定厄瓜多戰亂的途中，在太平洋中途島海域附近，突然碰上猛烈的熱帶風暴，而這場熱帶氣旋，卻把「未來號」帶進時光隧道的漩渦當中，而重新回到二次世界的時空。當「未來號」回到一九四二年之後，卻碰到了正在中途島戰役作戰，日本有史以來最大戰艦的「大和號」，它們聯手改變了二次世界大戰的歷史。

之後山口開治順著二次世界大戰的美日戰史，加入「未來號」先進設備的元素，把二次大戰導向了另一個方向，例如「未來號」的艦長角松洋介，在一次意外當中，救起了一名本來應該在中途島戰役當中身亡的日本官兵草加拓海，當草加在「未來號」船上得知，日本將在一九四五年被美國的原子彈轟炸，緊接著無條件投降之後，他無法接受這個事實與結果，於是草加決定要利用「未來號」的先進通訊設備及武器，改變原本的歷史。

同時草加也鼓勵日本政府加快速度研發原子彈，讓日本比美國先進一步生產出原子彈，以做爲日本迫使美國結束戰爭和談的籌碼，但是草加的這個建議卻受到來自角松艦長的強烈反對，故事集中在「未來號」艦上官兵的兩派不同意見，一派認爲不應該改變歷史，另一派則認爲應該要爲日本做些貢獻，於是近代的「未來號」便與過去的「大和號」進行一場海上激戰，最後故事的結局卻只剩下草加拓海一個人存活。而從《次元艦隊》的時空旅行當中，我們可以發現作者想要凸顯的是，二次世界大戰如果沒有美國的那兩顆原子彈，那麼整個歷史會如何演變？

無論是《沉默的艦隊》或是《次元艦隊》，我們可以看到日本想要掙脫和平憲法對其束縛，讓日本成爲一個正常國家的願望，在現實的政治當中，日本並無法做到，而只能透過漫畫劇情的恣意想像，這何嘗不是身爲日本人的一種悲哀呢？

第二部

# 從漫畫看你不知道的日本社會萬象

## 7 從「雇用型社會」到「創業型社會」

在派遣員工日漸增加的情況下，讓創業的風潮近期也逐漸蔓延到日本，同時在九〇年代泡沫經濟破滅，導致終身雇用制度瓦解。

台灣人一向喜歡創業自己當老闆，因此在台灣，每四位就業人口當中，就有一人是屬於自己當老闆的「創業族」，這讓台灣的中小企業家數竟多達一百二十四萬餘家，占台灣總體企業家數的百分之九十八。

但是台灣人創業多，經營不善而倒閉的卻更多，根據經濟部的統計，在每年台灣多達十萬家新成立的企業當中，竟然只有不到十分之一可以存活超過三年以上，然而在這種低存活率的情況下，每年仍有成千上萬的創業者，前仆後繼的搶入這殺成一片的「紅海」當中，台灣人勇於冒險的精神由此可見。

台灣的中小企業多，其實日本的中小企業也不少，從過去以來，我們對日本企業的了解，大多還是停留在豐田汽車、松下電器、東芝家電以及三井商事等大企業，其實在日本關西（京都、大阪及神戶）地區，還是存在著爲數眾多的中小企業，這些日本的中小企業有一項重要的產業特性，就是他們都擁有關鍵性的核心技術，只專注生產一項產品，以及市占率超過五〇％以上，有人稱這種經營模式爲「京都模式」。

日本中小企業擁有核心研發技術，所以它們的獲利率通常高於四〇％以上，再加上技術門檻高，所以也不怕新進的競爭者來搶市場，因此在一九九〇年代泡沫經濟破滅之後，市場規模減少、勞動力成本持續偏高，這些中小企業也不需要外移；不像台灣的中小企業大多集中在低門檻、低成本的代工產業，這些產業的毛利率相當低，有人戲稱爲「茅山道士」，毛利率只有三％到四％，因此一旦台灣的整體薪資提高之後，它們便要大舉外移到勞動力成本低的中國大陸與東南亞，成爲名副其實的「遊牧」產業。因此，日本中小企業所發展出的重視技術研發之「京都模式」，的確值得台灣企業學習。

## 中產階級成為「下流社會」

台灣人喜歡創業當老闆，但是日本傳統文化不喜歡單打獨鬥，以及害怕失敗面子掛不住的保守文化下，年輕人對於創業總是興趣缺缺，他們大學畢業之後最大的願望，便是進入金融、保險公司等大企業工作，這讓戰後的日本一直是處在一種「雇用型社會」，但是「雇用型社會」必須要有高度經濟成長來支撐，一旦日本經濟陷入衰退，「雇用型社會」便會逐漸瓦解。

舉例來說，戰後日本社會福利制度一直是建構在「終身雇用制度」的型態

日本上班族。為了不被裁員，窮忙、加班漸成常態。

之下，這種福利制度，是假設每位被雇用者都能夠在一家公司工作直到退休，而公司一旦聘用一位員工，也有責任提供工作機會直到他退休，但是在一九九〇年代泡沫經濟破滅之後，許多中小型公司因爲大環境不佳而紛紛採取裁員措施，而日本政府爲了要維持「名目上」的終身雇用制度，便以派遣制度來取代裁員。

在派遣制度下，許多原本正式的員工紛紛被鐘點制的派遣員工所取代，換句話說，原本是一個星期上班五天的正式員工，在公司不裁員的原則下，變成每星期上班兩天的派遣員工，這樣公司既可以不必背上裁員的罪名，同時也符合日本勞動界行之有年的終身雇用制度傳統。根據統計，在二〇〇四到二〇〇九年的高峰期當中，日本企業的派遣員工高達四百多萬人，這些派遣員工既無法享有國民年金，也無法擁有醫療保險，是被日本社會福利制度遺忘的一群，因此，日本社會學家三浦展，便稱這些派遣員工爲「下流社會」❹。

---

❹日本社會學家三浦展於二〇〇六年所提出。係指在全球化趨勢下及社會階級的變動中，中產階級漸漸失去優勢，並淪落為下層社會的一群。

在派遣員工日漸增加的情況下，讓創業的風潮近期也逐漸蔓延到日本，同時在九〇年代泡沫經濟破滅導致終身雇用制度瓦解之後，日本社會出現許多只打工而不就職的「飛特族」（Freeter），也出現不念書也不想工作的「尼特族」（NEET），以及靠爸媽吃老本的「寄居族」，和戰後團塊世代大量退休潮所出現的銀髮族，而這些已退休的銀髮族，或是待業打工的年輕人，便成爲當今日本潛在的創業族。

**柳井正**

日本企業家，連鎖平價服飾商店UNIQLO創辦人

## 終身雇用制瓦解，開啟創業風潮

而西元二〇〇〇年之後，靠經營連鎖平價服飾商店UNIQLO起家的柳井正、以網路購物起家的軟體銀行公司總裁孫正義，以及創辦樂天市場網路商城的樂天株式會社執行長三木谷浩史白手起家的故事，更成爲日本年輕人投入創業的原動力。根據二〇一四年《日本經濟新聞》的統計，有意自己創業的年輕人，從原本的一八％大幅提高到三二％，因此，有人預估未來的日本社會，將逐漸從「雇用型社會」轉向「創業型社會」。而一向緊跟日本社會趨

孫正義

日本企業家，軟體銀行公司總裁

勢脈動的日本漫畫，當然也不落人後，順勢推出教人如何成功創業的寫實漫畫——《金錢之拳》。

《金錢之拳》的作者三田紀房，他出道相當早，三十歲不到便入選日本漫畫界三大獎之一，第十七屆日本講談社的「千葉徹彌賞」，其中最重要的便是來自於他對日本社會動向靈敏的嗅覺。

三田紀房原本只是一位專職的運動漫畫家，他的《霹靂總教練》《球探誠四郎》，搭上九〇年代日本的職棒運動風潮，成爲當時日本青少年最熱中的運動漫畫，但是在一九九〇年日本經濟陷入「平成不況」❺之後，他的畫風及主題，卻出現相當大的轉變。他開始推出重視實用性的趨勢漫畫，如教人如何念書考上東京大學的《東大特訓班》，教人如何成功創業的《金錢之拳》，以及近期推出教人如何找到好工作的《轉職必勝班》。

---

❺日本現任天皇的年號。日本明仁天皇於西元一九九八年即位，隨後便開始日本長達十多年的經濟不景氣時代，日文將這段期間稱為「平成不況」。

他的作品就有如專爲年輕人規畫的成長三部曲，也是人生的三大願望，那就是：考上一所頂尖大學，畢業之後能夠成功創業、創造財富，或是找到一份人人稱羨的好工作。三田紀房的這一系列作品，不但讓日本漫畫更貼近民意需求，也更具有高度的實用性。

《金錢之拳》故事的主角花岡健，是一位前世界拳擊冠軍，在退休之後自己經營一家居酒屋，卻因經營不善而負債累累，在一個偶然的機緣之下，花岡認識一位成功的企業家塚原爲之介，塚原願意出資一億日圓協助花岡創業成立紡織廠，但前提是花岡必須雇用十位街頭流浪漢。

之後，花岡利用他在拳擊時代的人脈關係，

金錢之拳
作者：三田紀房
台灣東販

霹靂總教練
作者：三田紀房
東立出版社

得到每年舉行「世界拳擊格鬥大賽」的官方T恤訂單，之後在大量訂單不斷挹注下，讓花岡的紡織廠規模不斷擴大；同時在塚原的提示及指導下，花岡改變過去專門代工的模式，成立自己的專屬品牌及連鎖專賣店T-BOX，而就在短短不到五年期間，花岡的公司便成功上市，但就在公司壯大之際，花岡卻選擇退隱，離開日本。

在這部只有十二冊的創業漫畫當中，隱含著許多當代企業管理的法則與智慧。

首先，就是塚原會長為何要以雇用十名流浪漢，作為資助花岡的前提條件？我們知道，流浪漢一向是最難以相處，也是最沒有合作精神的群體，花岡若能夠成功地馴服及管理這十名流浪漢，自然就能夠具備管理一家公司的能力。

球探誠四郎
作者：三田紀房
東立出版社

轉職必勝班
作者：三田紀房
台灣東販

其次，是花岡在展店的過程當中，爲何要專找一些不起眼的小店面呢？原來，塚原會長曾經提示花岡健：「買賣的極致，就在街頭賣香菸的小鋪。」這反而讓花岡開始逆向思考，捨棄大街的繁華路段，專找一些在巷弄中不起眼，但是人潮聚集的小店，進而讓公司在節省成本的情況下，使得業績扶搖直上。

最後，花岡健爲何在公司成功上市之後，從社長的職位離開T-BOX呢？因爲在公司股票公司上市之後，公司自然不屬於創業社長一人所專屬擁有，而是屬於全體股東及社會所擁有的共有資產，而一僑商事以最大股東的身分入主T-BOX，自然能夠掌控公司的運作權。

這部《金錢之拳》無疑是作者三田紀房，個人創業理念與想法的精髓，我們以讀者的角度，的確可以從漫畫當中，學習到許多實用的創業小技巧。但是從現實面來看，作者三田紀房本人在大學畢業之後，曾經短暫繼承家族事業（服飾店），最後卻因他的經營不善而宣告倒閉，因此三田只好轉業，當個專職的漫畫家。

由此可見，漫畫中虛幻的劇情與現實社會，還是有很大的一段差距。

我們可以看到歐美企業到處充斥著獵人頭公司，而企業員工也以不斷跳槽及被挖腳，來提升自己的價碼及薪資；但是這種現象在日本卻並未出現，因爲……

## 8 不鼓勵競爭的日本職場

眾所皆知，諾貝爾獎向來是學術象牙塔裡的最高桂冠，其歷屆的得獎人，不是國際知名大學教授，就是大型實驗室的主持人，但是在二〇〇二年的諾貝爾化學獎，竟然跌破了外界的眼鏡，頒給一位默默無名，同時只是東北大學畢業的日本島津製作所工程師——田中耕一，以表揚他開發出用來鑑定、分析巨量分子的「雷射脫附游離蛋白儀器」（質譜分析法）的貢獻，同時田中也是諾貝爾化學獎成立以來，首位沒有博士學位的得獎人。

當這項消息從瑞典斯德哥爾摩皇家學院傳回到日本京都之後，田中耕一老家便有如萬人空巷，各國記者紛紛蜂擁而至，大家都想一窺這位在大學二年級時曾被留級一年，神奇的諾貝爾獎新科得主的廬山眞面目。

而一向講究功利主義的美國CNN記者，自然不能免俗的問田中：「發明這個儀器之後，總計賺進了多少財富？」沒想到靦腆的田中竟然說：「完成這個機器之後，收到公司頒發的一萬一千日圓獎金，還可以放假兩天，於是便拿這些錢買了幾瓶啤酒，在家小酌一下。」但是他所任職的島津製作所，卻因爲他這項發明而賺進二十億日圓。

田中謙虛的認爲，如果沒有公司資金的支持，以及團隊人員的合作，他個人並無法獨立完成這項發明，因此這不是他個人的功勞，他對公司感到非常滿意，他日後還是會繼續每天努力工作。

田中的回答，讓美國記者感到不可思議，因爲這件事情若是發生在美國，田中不但可以拿到一筆豐厚的專利金，同時之後島津製作所每賣出一台儀器，都還要付給田中一筆權利金。田中只要靠這項發明，就可以荷包滿滿，退休安度餘生，但是在日本，田中卻只能繼續在原公司擔任部長。

## 講求團隊及避免競爭的職場文化

這就是日本企業與西方企業的不同，日本人從小被訓練過著團體生活，學習掩飾自己以及個人自我的意見表達，所以我們常常看到在歐美課堂上，大家爭相舉手發問，而日本學生卻靜靜坐在一旁，因爲日本人不習慣在眾人當中，被當作鎂光燈矚目的焦點。

此外，在武士道精神的傳統觀念之下，日本人極度重視榮譽，我們常常從日本小說當中，看到日本人因競爭失敗而自殺的案例，因此在日本的中小學教育體系當中，爲了避免同儕之間的競

——田中耕一

首位戰後出生的日籍諾貝爾獎得主

爭，日本學校並沒有留級制度，也沒有全班或全校性的成績排名，只有個人知道自己的成績，以避免過度競爭而造成憾事。

而這種講求團隊及避免競爭的傳統文化，自然也凸顯在日本的企業經營上，日本企業講究團隊精神，而西方企業追求個人主義；日本企業講求整體和諧，而西方企業追求同儕競爭；日本企業講求團隊榮譽，而西方企業追求功利主義。爲此，戰後日本企業設計一套以年齡、年資來決定升遷的「年功序列制度」，以及在一家公司任職爲終生志業的「終身雇用制」，這些制度不但可以維繫雇用體系的穩定，還可以達到避免競爭的目的。

所以我們可以看到歐美企業到處充斥著獵人頭公司，而企業員工也以不斷跳槽及被挖腳，來提升自己的價碼及薪資；但是這種現象在日本卻並未出現，因爲以日本的雇用文化來說，一個員工離開一家公司，跳槽到另一家公司，他不會被認爲是想要追求更合理的環境，或是更高的薪資待遇，反而會被新公司懷疑他爲何要離職，是否在前一家公司犯了不可告人的錯誤。

## 島耕作，日本上班族的真實寫照

在日本漫畫當中，描述日本企業最有名的著作，當推《島耕作》系列。

它描述一個大學畢業生進入日本大企業，從一介基層雇員逐漸爬升到社長的奮鬥過程，而這部系列漫畫，也就隨著島耕作職位的逐漸爬升，而陸續出版《青年島耕作》《課長島耕作》《部長島耕作》《專務島耕作》《常務島耕作》《取締役島耕作》以及《社長島耕作》等系列作品，而島耕作在日本似乎也成爲「團塊世代」奮鬥歷程的最佳寫照。

這部漫畫所描寫的劇情，就有如時下一般日本的年輕人在職場上，每天都會面對大小事務的

課長島耕作
作者：弘兼憲史
尖端出版

場景，日系企業並不像歐美企業，它不講求競爭，但重視和諧，它不重視個人功績，但著重團體利益，每個人都只是企業龐大組織下的一顆小螺絲釘，一個無名的個體。

因此，日本企業所講究的年功序列制度，讓他們不必面臨同儕的彼此競爭，只需要不求有過的按部就班；而日本企業所實施的終身雇用制度，也讓他們不用屢屢以跳槽來爭求表現，但卻得以公司的利益爲重，這點也充分出現在田中耕一的例子上，可見島耕作這部漫畫相當具有寫實性。

這部漫畫的作者是弘兼憲史，他是

弘兼憲史
日本漫畫家

九〇年代日本寫實漫畫始祖，他所鼓吹的反應社會眞相，以及重視事實考據等兩大特性，讓日本漫畫的閱讀族群從過去只局限在學生世代，逐漸提升到成人世代，也使得日本漫畫成爲大眾讀物，而不再只是年輕人的專利。這也是我們常可以在日本電車上，看到上班族人手一本漫畫的主要原因。

弘兼憲史的作品，主要反映日本泡沫經濟破滅之後，所產生的政治、經濟以及社會問題，其主要代表作有《政治最前線》《眞相夜線》《黃昏流星群》以及《人間交叉點》。特別是《黃昏流星群》所描述的老年人的愛情故事，打破過去男歡女愛只是年輕人專利的刻板印象，也讓大家開始關注自己身邊老年人的感情生活，更讓大家體認到老年人要的不只是金錢上的供給，他們其實要的是子女能否給他們更多關注。但也有人批評弘兼憲史的作品過於腥色，內容充斥著大男人主義，而不夠尊重女性。

弘兼憲史並非漫畫科班出身，他早年從早稻田大學畢業之後，就先進入日本松下電器工作四年，之後才成爲一個專職的漫畫家，而這部《島耕作》系列就是描述他在松下電器時期的所見所聞。

因此，當這部《島耕作》系列漫畫在日本大受歡迎時，連帶的也使日本松下電器竟成爲日本年輕人最想進入的大企業之一，由此可見漫畫在日本社會當中的巨大影響力。

在另一方面，弘兼憲史的《課長島耕作》，不但得到第十五屆講談社的漫畫大賞，同時也被評爲最能代表日本現狀的漫畫，連愛看漫畫的現任日本副首相麻生太郎在擔任首相期間，還把《島耕作》系列當成贈送外賓的伴手禮，甚至連島耕作在漫畫當中升任爲社長時，出版社都要召開正式的記者會來對外公布，可以想見這部系列漫畫在日本的風靡盛況。

而弘兼憲史的漫畫有多寫實，有多實用呢？竟然有日本出版社把「島耕作」系列漫畫當中的劇情，以及島耕作在漫畫中的對話整理成冊，出版《學習島耕作成爲頂尖男人的八十個準則》《課長島耕作的成功方程式》《課長島耕作的成功哲學》以及《課長島耕作：職場英文easy go》等商管書籍。

原來日本漫畫也能成爲商管書的寫作題材，這也許只有島耕作才做得到吧。所以，如果你是一個勇於挑戰自我、不按牌理出牌的人，那求職時請以西方企業爲主要目標吧；反之如果你是一個安於現狀、喜歡按部就班的人，那就請以日系企業爲主吧。

# 9 講究恥感的日本人

對日本人來說，在不被外人發現之前，或是外界沒有出現譴責的聲浪，都不能算是一種罪過，這是日本人的恥感在作祟。

日前前屏東教育大學教授投稿國外期刊的論文造假案，在台灣社會引發軒然大波，連前教育部長蔣偉寧都因爲共同掛名，而遭受池魚之殃，進而引咎辭職下台。其實在學術界動輒以論文數量掛帥的原則下，讓論文造假案並不單單只有發生在台灣，連一向講究誠信的日本，也都曾經發生過相同的案例，只是在日本極度講求名譽的武士道精神下，以及社會道德約束力的集體譴責下，當事人最終只能以自殺來收場。

二〇一四年一月三十日，日本京都的「理化學研究所」（RIKEN）研究員小保方晴子，在《自然》（*Nature*）期刊宣稱發現一種新型的萬能細胞——STAP，她發現只要透過給予動物體細胞適當的外在刺激，便可以獲得萬能的分化性（pluripotency），這項重大發現引起國際間的高度矚目，同時也讓當年才三十歲、未婚的小保方晴子，頓時成爲日本社會矚目焦點，她不但被日本媒體封爲「美魔女」科學家，也被視爲未來日本首位女性諾貝爾獎的最有可能人選。

但是這項前所未有的發現與創舉，卻引起美國生化醫學界的高度質疑，他們質疑這篇論文當中，有兩張關鍵性的細胞分化照片，疑似被人工造假，同時也有它國的學者多次依照小保方團隊所使用的實驗方式，卻都無法成功獲得相

**小保方晴子**

日本細胞生物學家

同的實驗結果；但日本山梨大學若山照彥教授，卻宣稱自己曾在小保方的指導下，多次重複證明這項實驗的有效性。這也讓小保方的這項學術發現，出現了正反不同聲音。

面對來自國際學術界的強烈質疑，日本理化研究所便於二月下旬組成獨立的調查委員會，對於這篇論文的眞僞展開了學術調查，而最終的調查結果於該年四月分出爐，這份調查報告指稱小保方該篇論文的實驗方式，的確存在著重大瑕疵與錯誤，該報告要求小保方團隊能夠撤回刊登在《自然》期刊的論文。但是《自然》卻在四月底逕自撤銷該論文，等於直接認定小保方的科學實驗是屬於學術造假。

當這樁論文造假事件爆發之後，在日本輿論界引發了軒然大波，「美魔女」頓時從雲端墜落，日本媒體不但開始調查小保方過去在早稻田大學博士論文的眞僞，同時八卦雜誌也開始發動人肉搜索，不僅報導小保方的過往情史，並影射小保方之所以年紀輕輕，在取得博士學位不久後，便能夠主持大型的實驗團隊，主要是和其已婚的上司——理化學研究所副主任笹井芳樹之間，長期存在著「不倫」（不正常的婚外情）的男女關係。

## 日本獨特的「恥感」約束力

而面對日本輿論界有如排山倒海的討伐聲浪，讓小保方及笹井兩人備感壓力，結果在同年八月五日的早上，笹井便因受不了外界的指責與撻伐，而在他所任職的中心大樓內上吊自殺身亡，他留有一份遺書，對自己身為小保方的指導教授，在論文指導上的督導不周，所引發社會的軒然大波，深感抱歉。

將時序回到二〇〇七年，在安倍晉三第一次擔任首相期間，便爆發其所任命的農林水產大臣松岡利勝，不但涉嫌收受不當的政治獻金，同時也浮報辦公室事務費用的醜聞。在政治獻金方面，由日本農林水產省所管轄的「綠資源機構」，被發現出現官商聯合圍標，有六名理事遭到警方逮捕，而松岡被發現過去曾經多次接受這個機構約一億三千萬日圓的政治獻金。

在浮報辦公室費用方面，松岡利勝的辦公室是設在免費的議員會館，然而過去五年以來，松岡卻在辦公室經費上，每年編列二千萬日圓以上的事務所費用，而且每年辦公室的水電費竟然高達五百萬日圓。這兩件事情不但遭到日本國會嚴厲的追究，同時也受到檢方的調查，而松岡在這雙重壓力下，竟然選擇在議員宿舍內上吊自殺身亡。松岡的自殺不但對日本政界造成衝擊，也對安倍內閣造成不小打擊。

笹井芳樹及松岡利勝爲何會選擇自殺這條路呢？而從過去以來，自殺似乎也成爲日本人擺脫世俗壓力、證明自己清白的一帖最佳解劑。

因爲日本是一個講究「恥感」的民族，但卻從不具有「罪感」的文化。罪感是來自本我的要求，發自內心的道德信仰來約束自己的行爲；而恥感卻是來自他人的壓力，依靠外來強制的力量來

**松岡利勝**
日本政治家

約束自己的行爲。這也難怪從過去以來，多少日本政治人物，因爲違法收受政治獻金，而前仆後繼地宣告下台。因爲對日本人來說，在不被外人發現之前，或是外界沒有出現譴責的聲浪，都不能算是一種罪過，這便是日本人的恥感在作祟。

但是日本人的恥感，卻如同潘朵拉的盒子，一旦被掀開之後，就會被社會無限的放大；也像是集體的自我催眠，在聽到和鳴的聲音之後，便會轉化成爲共同的信仰；更像是一種無形的教條，在潛移默化之下，便會轉化成集體的社會壓力。

日本人對於恥感的無限上綱，可見一斑。日本人的重恥感、輕人情，更是有目共睹。而對於小保方晴子來說，眞是成也是論文，敗也是論文。

日本人的重恥感，來自於社會集體的約束力；而日本人的輕人情，來自於清楚的法律分際。所以我們看到日本人通常只會說明，他人的行爲是不符合哪項原則，而從不會抱怨制度的不公不義；我們也看到日本人總是只會說，他人違反哪一項規則，而從不會譴責裁判者的自私不仁。這是日本人能夠在這種極大的心態的轉換下，不會產生任何的陰影；這也是日本人在這種急遽的行爲轉變上，而不用背負任何的人情道義。

而一旦恥感形成了一種氛圍，日本人也絕對不會因爲微罪，而輕輕放過。例如前日本外務大臣，也是民主黨時期的明日之星前原誠司，便曾經收受家鄉相識多年的韓裔女性，區區二十萬日圓的政治獻金，便宣告辭職下台，當時日本輿論界沒有任何的惋惜。

## 恥感面前，一視同仁

而一旦超越恥感的界線，日本社會也不會因爲某人的崇高職位，而有所妥協。例如民主黨執政後的首任首相鳩山由紀夫，便曾經因假造政治獻金名冊，而面臨辭職壓力，最後雖然沒有被檢察官起訴，但是日本政壇卻也沒有任何的挽留。政治獻金無疑是日本政治人物的遊戲，但卻也是政治人物的悲劇。

由此可見，在日本政界的遊戲規則當中，除了法律之外，還多了一道社會約束力以及輿論的壓力。

這種輿論的壓力，讓日本政治人物在法律之外，必須要以更高的道德標準來檢視自我，而沒有理盲濫情的空間；同時這道社會的約束力，也讓日本政治人物在被掀開遮羞布之後，必須負起該有的政治責任，而沒有人情世故的包袱。

在日本寫實漫畫當中，探討日本金權政治最有名的漫畫就是《聖堂風雲》，其作者是日本航空自衛隊出身，著有知名漫畫《北斗神拳》的日本政治家——岡村善行❻，而畫作則是由擅長描繪日本政治人物，其腦滿腸肥嘴臉的池上遼一。《聖堂風雲》是日本政治漫畫的濫觴，它從一九九〇年開始在日本小學館所發行的雙月刊《Big Comic Superior》連載之後，便大受外界的好評，之後還曾被改拍成電影及動畫，由偶像明

**聖堂風雲**
作者：史村翔／池上遼一
東立出版社

星阿部寬及中村梓主演。

劇情主要描述兩位從小就在柬埔寨長大的日本男孩——北條彰及淺見春秋，他們在赤色高棉有如人間煉獄的高壓統治下，度過了他們慘澹的童年，因此當他們順利從柬埔寨逃出之後，就有如從地獄回到人間，可是當這兩人順利回到日本之後，卻發現日本的政治是被掌控在少數的政治世家手中，日本政治人物透過來自大企業的政治獻金，來擴大自己的政治版圖及派閥勢力，同時也利用給予壟斷性的特許行業來攏絡特定的大企業，在這種政界、官界及財界的鐵三角結構下，形成日本的金權政治圖像。

於是北條彰及淺見春秋這兩人，便決心要來徹底改革腐敗的日本政治，讓日本政治能夠回歸民意的初衷，而在金權政治的結構下，投入政界與進入黑道便成爲取得政治權力的終南捷徑，他們兩人以猜拳的方式，來決定各自未來的命運與發展，

❻岡村善行的筆名有武論尊、史村翔兩者。武論尊主要使用於集英社出版的作品，而集英社以外的作品則使用另一個筆名史村翔。

結果淺見春秋進入了政界發展，而北條彰則成爲黑道老大，他們兩人一在朝、一在野，齊心改變日本社會，讓日本政治成爲他們心目中的聖堂。

再從日本回頭看台灣，日本人雖然沒有罪感，但終究還能保有恥感；日本雖然政治弊案層出不窮，但社會約束力卻成爲最有力的一道防線。

反觀台灣人的恥感，在濫情的人情世故羈絆下，不復存在；台灣社會的集體約束力，也在藍綠的政治對決下，蕩然無存。

## 10 集體約束力造就低犯罪率

日本警察一旦抓到酒後駕車，除了吊扣駕照及罰款的必要行政程序之後，通常還會再做一個動作——打電話到公司，通知您的老闆，而老闆一定會說：「明天不必來上班了。」

日本是台灣人最喜歡前往旅遊的國家之一，尤其到寒暑假期間，往日本的班機幾乎班班客滿、一位難求，日本四十七個都道府縣，幾乎有超過一半的縣市都有從台灣直飛的班機，這也難怪人口只有兩千三百萬的台灣，卻高居世界各國到日本旅遊的第二名（二〇一三年爲二百三十五萬人次，僅次於韓國）。

台灣人喜歡日本，除了過去殖民的歷史淵源，還有日本的街道乾淨整齊，日本人富而好禮之外，當然最重要的便是日本的治安相當良好，就算在夜晚一個人獨自在街頭行走，都不需要害怕擔心。

從過去以來，日本一直是以其低犯罪率爲傲，然而日本的低犯罪率，並非是其採用嚴刑峻法，日本雖然有死刑，但是與其他國家相比，它的法律也並非特別嚴苛。日本的低犯罪率，主要是源自於其高度的社會約束力，因爲日本社會通常難以容忍及接受犯過罪的人，所以在日本，一個犯過罪的人，不僅僅其本身就業會受到相當大的影響，連自己的家人也會被牽連在內，這種「株連九族」的方式，讓日本人不敢輕易地犯罪。

## 個人造業，全家人擔

日本的社會約束力是如何凌駕於法律約束力呢？在台灣，酒後駕車肇事的新聞時有所聞，這顯示高額罰緩及吊扣駕照，並無法有效嚇阻國人酒駕的惡習。但是在日本，我們卻看到日本人嚴守不喝酒開車的鐵律，同時也鮮少聽到日本發生酒駕肇事的新聞，這不是因爲日本法律對於酒駕的懲罰比台灣嚴厲，而是當日本警察一旦抓到酒後駕車，除了吊扣駕照及罰款的必要行政程序之後，通常還會再做一個動作——打電話到公司，通知您的老闆，而老闆一定會說：「明天不必來上班了。」

由此可見，在日本酒駕不但要被吊扣駕照及繳交鉅額罰緩，而是連工作都會不保的大事。這讓日本人不敢輕易嘗試酒後駕車，但是查了通篇日本的法律，並沒有規定公司一定要把酒駕肇事的員工開除，然而這卻成爲日本社會約定成俗的規範。

日本社會是如何對犯罪產生集體約束力？舉例來說，在二〇〇四年六月，台灣一位靜宜大學的女大學生，跟旅行團到日本富士山河口湖旅遊，晚上一個人到湖邊散步時，被一位無業男子渡邊高裕上前搭訕，以一同看煙火爲由誘騙上車，之後將女大學生載至偏僻處殺害。這起駭人聽聞的兇殺案，震驚台日兩國，日本各大媒體都以大篇幅來報導，日本富士電視台更專程派員來台灣採訪，當時日本交流協會台北事務所所長內田勝久，更代表日本政府親自向受害人家屬致歉。

這起兇殺案的兇手渡邊高裕，是山梨縣本地人，他長期失業在家，整天遊手好閒，是被地方警局列管的問題人物。他的父親在山梨縣甲府市消防局工作，母親在山梨鄉公所擔任職員，而當他們家人知道渡邊犯下這宗殘忍的殺人案時，全家竟然羞愧得連夜搬走了，因爲他們知道一旦消息傳開之後，他們將會無法承受來自左鄰右舍的指指點點，以及來自同儕的異樣眼光。由此可見，一人犯罪，全家遭殃，似乎已成爲日本社會的不成文規範。

而日本社會又是如何對待罪犯的家人呢？日前在台灣發生的鄭捷在台北捷運的隨機殺人事件，造成台灣社會巨大的恐慌，而在二〇〇八年的日本東京，也曾發生秋葉原隨機殺人的案例。當時一位在日本靜岡縣關東汽車公司擔任派遣員工（臨時工）的加藤智大，因爲長期工作不穩定、交友不順遂，因而憤世嫉俗，經常在網路上吐苦水，該年的六月五日，加藤到公司上班時，意外發現自己的制服不見了，他以爲是公司想藉此開除他，於是他便到外地購買多支刀械匕首，準備要殺人洩憤。

在準備充足之後，加藤在當年的六月八日，開著一輛租來的貨車，以高速駛進秋葉原的行人專用道，當場造成五位無辜行人被衝撞及輾壓，之後加藤還跳下車，拿著匕首沿街隨機刺傷十二人，由於當天正逢星期假日，秋葉原電氣步行街到處是逛街的行人，加藤的隨機殺人舉動造成行人到處逃避流竄，最後總計有七人死亡，十人輕重傷，其中有三人是當場被撞死，四人失血過多而亡，這宗慘絕人寰的隨機殺人事件，引發日本社會相當大的震撼，連當時的首相福田康夫都親自到場弔祭死者。

案發之後，加藤的雙親立即公開向社會道歉，加藤雖然自稱患有精神病，但是在一審仍被法院判處死刑。雖然加藤曾分別向東京高等與最高法院提上訴，仍分別維持原判，而就在加藤尚未對此行為付出代價時，在二〇一四年二月，卻傳出加藤的弟弟因為不堪媒體的緊迫盯人，而選擇上吊自殺；加藤的母親也因為極度的罪惡感與自責而精神崩潰住院；原本在銀行工作的父親，因為不斷地接到恐嚇電話，選擇離職隱居鄉間。原本和樂的家庭，卻因為加藤的犯罪行為而分崩離析。

加藤智大的弟弟在自殺前幾天，曾經將過去六年以來的日記寄給日本的週刊，在日記裡吐露他這麼多年來，如何活在「殺人犯弟弟」的陰影下。最令人印象深刻的是，他寫道：「在日本，加害人的家屬，只能悄悄地活在社會的陰暗角落，不能擁有和一般人同樣的幸福。」他也提到在事件發生之後，因為記者一直找上門，讓他必須不斷地搬家換工作，連原本論及婚嫁的女友，也不堪壓力而離開他。同時他在日記當中，也記下了這六年以來，是如何努力地想擺脫哥哥的陰影好好生活，但是卻只能一次又一次地更加深刻地感覺到，背上「殺人犯弟弟」的標籤，在日本社會是如同烙印般無法揮去，而「逃不掉」的絕望感，最終讓他選擇結束自己的生命，甚至連死前向週刊寄出日記時，也是化名「優次」，而不願寫出眞正的名字。由此可見，在日本強大的集體社會約束力之下，犯罪人的家屬不但不能享有幸福，而必須要與加害人承擔同樣的痛苦，只是加害人可以在牢獄中躲避，但家屬卻得在外界獨自面對。

## 比法律更令人膽寒的集體歧視

有看過日本著名作家東野圭吾所著的小說《信》（てがみ）的人，一定會對文中殺人犯的弟弟——直貴，在社會上遭到殘忍的對待而感到悲哀，然而歧視罪犯及其家人，固然是懲罰的一部分，但是對於罪犯的家人來說，卻又是何其的殘忍。歧視罪犯本身，還暫且說得過去，但是他的家人又何罪之有呢？

在這本小說中，最傳神的一句話是直貴的好友平野，娓娓道出日本社會爲何要歧視罪犯家屬的深層因素，他說：「你要不要恨你哥哥，這是你的自由，我只是想說，你恨我們實在說不過去。如果用更殘酷一點的說法，我們必須歧視你。這麼做，是爲了讓所有罪犯知道，自己犯罪會使家人連帶受苦。」這是日本社會把歧視「正當化」所得出的藉口。

另外平野也說：「大家都很頭痛，不知道該怎麼對待你才好。他們其實不想跟你扯上關係，但又覺得表現得太明顯是不道德的，所以大家反而只能對你過度客氣。」這種「反向歧視」，正是日本社會嘗試要把歧視「正當化」，所加上的冠冕堂皇之理由。

因此，對於想要犯罪的人，在你要行動之前，可眞要好好想一想，因爲你的行爲不只會對被害人及被害人家屬帶來苦痛，也會把自己的家人帶入無比痛苦的深淵。你自己無法享有幸福便

信
作者：東野圭吾
獨步文化（2009）

罷，卻也連帶剝奪家人享有幸福的權力。這是日本人不怕法律制裁，但卻害怕社會集體壓力的主要原因，我也相信這是日本低犯罪率的原因所在。

# 11 怕給別人添麻煩的日本人

怕給別人添麻煩的文化規範，牽絆著日本人的一舉一動，讓日本人在公眾場合從不輕易展露自己的情緒。因爲在眾人面前表現自己哀傷的情緒，會讓別人也感到不愉快，所以也是一種給別人添麻煩的行爲。

二〇一一年，日本發生三一一大地震並引發大海嘯，位於日本東北福島縣的災情最爲慘重，有多個村莊幾乎都被海嘯給淹沒，而當時讓人印象最深刻的，是有位日本NHK記者訪問這些災民是否需要外界協助，他們的回答竟然是：「對不起，我們給大家添麻煩了。」

再把時序轉到二〇〇四年，有一位日本年輕人香田證生，跑到戰亂的伊拉克旅遊，不幸卻被伊拉克的恐怖分子挾持，最後慘遭殺害，而當這個新聞傳回到日本國內時，香田的母親在大批媒體的簇擁下，流著眼淚說：「對不起，我兒子的行爲給大家添麻煩了。」

如果這兩件事情發生在台灣，不是痛罵政府援救不力，就是痛哭的在地上打滾，而這些也都是嗜血的台灣媒體最喜歡捕捉的畫面，然而日本人不但不責怪政府，反倒「反求諸己」的反應，的確是超乎我們台灣人的常識與認知。

## 自制自持，是民族性也是教養

日本人怕給別人添麻煩，其實是其來有自。在日本國民小學一年級，《國民生活須知》的第一課便開宗明義的教育日本人：「千萬不要給別人添麻煩。」而在日本的大街小巷，公車及電車上，也到處都立著豎牌，隨時提醒日本人：「請注意，不要給別人帶來麻煩。」

這樣的國民教育，讓日本人隨時隨地都要注意自己的行爲，是否會給別人帶來麻煩，例如在電車上大聲喧擾，會影響到別人的作息，因此，日本人在公眾場合講話總是輕聲細語；另外在公車上坐著把腳伸直，會容易讓走過的行人絆倒，因此，日本人在公眾場合就坐時，總是既安分又直挺挺的。同時這也養成日本不隨意請人幫忙的習性，因爲請人幫忙所欠下的人情，是一輩子都還不了的。

而怕給別人添麻煩的文化規範，牽絆著日本人的一舉一動，讓日本人在公眾場合從不輕易展露自己的情緒。例如在東北大海嘯發生之後，大家都紛紛尋找自己的親人，當有位外國記者在訪問這些急切尋找自己親人的日本人時，他們並沒有表現出任何傷痛哀絕的表情，只是淡淡地說：「我還沒有找到我的親人。」

因爲對日本人來說，在眾人面前表

安靜無聲，是日本電車內部常見的景象。

現自己哀傷的情緒，這是會傳染給別人的，讓別人也感到不愉快，所以這也是一種給別人添麻煩的行爲。而日本人這種過度壓抑、隱藏自己喜怒哀樂的行爲，在心理學上也許是一種不健康的舉動，但這卻是日本內斂民族性的集體表現，難怪有人形容日本是一個「隱性」「封閉」的島國文化，不像台灣及東南亞國家是「外顯」的海洋文化。

日本人不給別人添麻煩的習性，俯拾可見，連日本人在選擇自殺時，也不願意給他人帶來麻煩。因此，我們很少看到日本人，會在自己出租的公寓燒炭自殺，因爲這樣做，會讓房東之後租不出去，這是給別人添麻煩的行爲；我們也很少看到日本人，會以跳樓來結束自己的生命，因爲跳樓有可能會壓到路過的行人及他人的物件，這也是給別人添麻煩的舉動。

這也難怪日本富士山下大片森林的樹海，便成爲日本人《完全自殺手冊》上的最佳自殺聖地，因爲他們只要走進森林內隨便找到一棵樹，便可以結束自己的生命，一點也不會給別人添麻煩。日本政府爲了要防止過多民眾到這片樹海自殺，還在森林出入口附近設哨站崗，並在樹海內設置大量的攝影機，只要有民眾走進這片森林，都會被警察善意地勸阻與盤問。

一個國家的文明程度，通常在承平時期是看不出來的，而是要在災難發生的時候才會顯現出來。我們看到在三一一大地震發生當天，日本東京所有交通工具幾乎停擺，手機等通訊工具也中斷不通，但是我們看到大批的日本上班族，依然有秩序地排著長長的人龍打公用電話，向家人報平安，就算前面有人講得再久，後面的人也從不會表現出任何不耐。

另外平常依賴通勤的電車，也因爲發生大地震而全部停駛，所有車站幾乎都擠滿了人，等待列車重新啓動的通知，偌大的車站內站滿了人，卻都沒有人大聲喧嘩，只是靜靜地等待；有人因此走了三十幾公里的路回家，甚至還有人走到天亮才到家，但是我們卻沒有看到有任何人，在媒體鏡頭面前大聲咆嘯，他們只是默默走上回家的道路。

再把鏡頭轉到福島災區，大批的日本災民有秩序地排著長長人龍領取物資，等著排隊上廁所，從來沒有人插隊，也沒有人表現不耐，但這時候卻發生有台灣的媒體記者，爲了想搶拍災民吃什麼東西，假裝災民前去冒領物資，結果因爲不會講日文，被日本政府人員揪出來的事件。由此可見，台灣媒體爲了搶新聞的不擇手段，是不論平時與災難。

## 從心理學分析日本人的漫畫作品

在日本漫畫當中，就有一本名叫《心理醫恭介》的漫畫，專門從心理學角度來分析日本人。這本漫畫與《神之雫》的作者陣容相同，都是由日本擅長專業性漫畫的亞樹直所編劇，並由沖本秀負責插畫，同時它也承襲《神之雫》的畫風，漫畫中盡是俊男美女。亞樹直爲了要編寫這部漫畫，還曾經大量閱讀醫學書籍，並訪談多位心理醫師及精神障礙患者，由此可見，在競爭相當激烈的日本漫畫界，想要創作出專業性漫畫還眞是不容易。

這部漫畫的劇情，是以一位精神科醫師楷恭介爲中心，敘述他如何幫助治療那些飽受內心疾病煎熬病患的故事，並從病患所得到的精神疾病之成因，解析其背後日本的社會病。在這本漫畫當中，出現相當多的精神疾病及心理疾病專業醫學名詞，例如過食症、心理依存症、醜陋恐懼症以及創傷症候群等，是一本專業性相當高的漫畫，它既結合《金田一少年事件簿》的偵探推理劇情，又充滿《閃靈二人組》的溫馨感人故事。這部漫畫也曾經改編成電視劇，由竹野內豐、西村雅彥、羽田美智子及柴崎幸所主演。

例如在這部漫畫當中，從「性依存症」來解構日本人格的雙重性。有一天楷恭介遇到已經有五年沒見面的高中同學望月哲夫，望月在年輕時曾經與沖野名美發生過一夜情，因此對她十分迷戀。而楷恭介在一次無意中發現沖野名美，白天是一位大型建設公司的企畫部總監，標準的白領上班族，可是到了晚上，她卻流連在池袋的各個酒吧裡，不只打扮性感惹火，還專門找男人發生

心理醫恭介

作者：亞樹直／沖本秀

尖端出版

一夜情，以楷恭介心理醫師的角度來看，沖野是一名「性依存症」的患者，因此他極力勸望月不要陷進去。

有一天晚上，楷恭介在酒吧外面，碰到被男人性騷擾的沖野，於是楷恭介便上前解圍，同時給了她一張名片，希望她能夠來診所談談；隔日，沖野來到診所，楷恭介發現原來在沖野年幼的時候，她的母親經常會帶不同的男人回家，還會要求沖野幫忙把風，因此，楷恭介分析沖野的病，是受到其母親的影響，於是便決定去找沖野的母親談談，沒想到卻得到一個出人意料的答案，原來導致沖野得病的眞正原因，在於沖野幼年時期曾經受過父親的性侵害，於是楷恭介便盡力想幫助沖野擺脫她心理上的障礙。

此外，這部漫畫也從「憂鬱症」來分析日本職場上的過度競爭。北村耕平是某家銀行的基層幹部，由於該銀行經營不善，於是爲了要精簡人員，便要求北村昧著良心，將身體有病的員工予以解雇，爲此北村的心裡深深感到內疚，最後竟然得了憂鬱症，於是北村便來到楷恭介的診所，希望楷恭介能夠幫助他走出困境。

在另一方面，北村也去他部下早瀨曾看過的醫生處看診，但是這位醫生完全沒有職業道德，不僅要求北村付出高價來治療，還把北村的病情告知他的上司，因此，銀行便以北村有心理疾病爲理由，要求北村主動遞出辭呈，但是北村堅持不辭職，並表示他一定要全力醫好自己的憂鬱症，再回到銀行去改革銀行不當的解雇制度。但是備受憂鬱症困擾的北村，情緒相當不穩定，竟然產生了尋死的念頭，而正當他想要從橋上一躍而下時，恰巧看到自己的兒子在河堤邊踢足球，於是他又重新燃起了活下去的信念。

怕給別人添麻煩，形塑了日本人過度壓抑的民族性，雖然這是一種不健康的心理舉動，卻也是日本文明的一種表徵，那我們台灣呢？

## 12 從大男人主義到愛妻俱樂部

近年來在女性主義抬頭的風潮下，許多日本女性也開始積極爭取自身的權益，再加上國外性別平等團體的大力聲援下，日本政府終於在二〇一〇年立法通過離婚法修正案。

美國著名的人類學家露絲．潘乃德在《菊與刀》這本書中，曾經以「既愛美而又黷武、尙禮而又好鬥、服從而又不馴、保守而又求新」，來形容日本人性格的兩面性與矛盾性。而這種兩面性與矛盾性，所形成文化的新舊交陳，在日本到處俗俯可拾，我們看到科技的東京與古老的京都可以並存，我們也看到先進的富士電視台與沁靜的靖國神社可以相互交錯，我們更可以看到傳統的和服與炫麗的洋服兼容並蓄。日本人的善變，是如此的讓人費解；日本的多變，更讓人既迷惑、又迷戀。

日本這種傳統與現代並存的文化，從政治、經濟到社會，幾乎無所不在，當然也涵括了法律制度。日本雖然已是舉世先進的工業國家，但是它的許多法律制度，卻彷彿如同一部時光機，還停留在過去的幕府時代。

首先是不合時宜的財產繼承制度，筆者曾經到日本新潟縣的農村進行訪問考察，發現日本農民所擁有的農地面積都相當大，而不像台灣幾乎都是小農，經過仔細一問，才發現原來日本的財產繼承制還是停留在長子繼承制度，其規定必須由家中的長男繼承家族所有的遺產，其他的次子、三子及女兒幾乎都是分毫未得，這也難怪日本人均農田面積不像台灣農村，因爲歷經多次的平分家產而愈來愈小。

日本由長子繼承家產的習慣始於鎌倉時代（西元一一八五～一三三三），除了長子之外其

菊與刀

作者：露絲．潘乃德
遠足文化（2014）

他子女結婚成家後，在經濟上都必須自力更生，但是他們卻也免除了撫養父母的重責大任。因爲在長子繼承制的傳統下，不管父母財產有多少，撫養父母的責任都落在長子一家，這種習慣在很多家庭中一直延續到現在，這讓日本很多女孩至今還是不願意嫁給長子，因爲嫁給長子就意味著要背負撫養公婆的責任。

日本雖然在一九四七年實施了子女均等繼承法，但是在許多日本的農村仍然維持長子繼承制度，由此可見，日本的社會約束力是遠大於法律的規定，而這種不合時宜的財產繼承制度，雖然有助於維持繼承體制的穩定，卻也製造出許多社會問題，如許多次男爲了想要繼承家產不擇手段來殺害長男的新聞，在日本是時有所聞。

子女均等繼承法卻也在日本造成副作用，以現今日本的家庭制度來看，如果父母的生活不能自理，同居的長子或長女要負全部的照料責任，其他的子女完全不管，有的甚至很多年都不去看望，可是一旦家中老人去世之後，有些子女就會突然回來要求繼承遺產，如果長子不同意的話，其他子女就會採取訴諸法律的方式。如果照顧老人的長子或長女拿不出老人親筆寫的特殊遺囑，那麼留下的遺產就會按法律平分給所有的子女。日本最近這幾年的訴訟案件類別當中，財產繼承便急遽上升爲首位。

## 女性主義抬頭，大男人變好男人

其次是不合乎公平正義的離婚法，從過去以來，在日本社會一直有個不成文的傳統，那就是不管女性的學歷有多高，其專業能力有多好，一旦結婚之後，就幾乎都要離開職場、回歸家庭，專心當個相夫教子的家庭主婦。這種以男人爲主的傳統，讓日本女性在職場上永遠處於弱勢，因爲公司知道女性員工在結婚之後，一般都會離開職場，這使得女性員工在公司的升遷常常受到局限，連薪資通常也只有男性員工的三分之二，形成同工卻不同酬的畸相。

在日本這種傳統男主外、女主內的情況下，日本人的家中經濟大權，大都掌控在男性的手中，其也不像台灣雙薪家庭幾乎比比皆是，也因爲在日本的家庭當中，大多只有依靠先生的一份薪水來養家活口，自然男人在家中的權力便相當大，大男人的文化便油然而生。我們常常在日劇當中，看到日本的男人在居酒屋喝到深夜醉醺醺回家，而苦守空閨的太太卻都只能敢怒而不敢言，甚至不敢輕言離婚。

而日本女性不敢輕言離婚的主要原因，便是日本的離婚法規定，太太只要和先生離婚，不但拿不到小孩子的監護權，同時也分不到先生的任何財產，在這種不公平的離婚法，以及本身欠缺謀生技能的情況下，日本的女性通常只能不斷地隱忍，而不敢隨便訴諸於離婚，這也難怪從過去以來，日本的離婚率一直都相當低。

這種過時、同時對女性極不公平的離婚法，在過去並無人聞問，反而被視爲是一種眞理，但是近年來在女性主義抬頭的風潮下，許多日本女性也開始積極爭取自身的權益，再加上國外性別平等團體的大力聲援下，日本政府終於在二〇一〇年立法通過離婚法修正案，這項新的離婚法規定，只要男女雙方合意簽字離婚之後，太太便可分得丈夫一半的財產，假若當時先生名下沒有任何財產，也規定先生每個月工作的薪水，都要分一半給離婚的太太。

在這項新離婚法三讀通過之後，二〇一一年該年日本的離婚率，便突然急遽飆升，達到一六%，是過去的四倍之多，由此可見，許多太太早已隱忍先生許久，只是受限於離婚法而不敢輕易離婚。在另一方面，許多先生爲了避免自己的荷包大失血，便自主性的組成「愛妻協會」，目前日本全國各地的「愛妻協會」總計有上百個分會，同時也訂定每個禮拜的星期二爲「愛妻日」，所有日本的男性，在當天都要勇敢的對太太說出：「我愛你」，同時當天下班後也要立即回家，幫妻子做一些家務活。新離婚法對日本的震撼，可見一般。

## 你聽見花兒的聲音嗎？

由此可見，法律不但會形塑一個國家的傳統文化及個人行爲，而一項法律的變動，更會顚覆一個國家的社會傳統。

在日本寫實漫畫當中，便有一本專門探討日本法律的漫畫——《家裁之人》，它是一部結合植物與法律的漫畫，內容敘述一位喜愛植物的家庭裁判所法官桑田義雄，專門處理家庭糾紛問題以及少年犯罪事件，他常常會在法庭上與當事人聊聊植物的特性，讓當事人能夠有所領悟，他也時常從觀察植物生長的過程得到判決的靈感。人雖然爲萬物之靈，但從這部漫畫當中來看，人性與植物實在也沒有相差太多。

《家栽之人》這部漫畫的作者是毛利甚八，插圖繪者是魚戶修。

毛利在日本藝術大學畢業之後就成爲一個自由作家，他的著作並不多，但卻因爲這部漫畫一炮而紅，其獨特的故事體裁，不但受到日本青年的喜愛，更被拍成連續劇，受歡迎的程度可見一般。

從隨風飛揚的蒲公英到名貴的蘭花，作者串起了一個個的生命故事。在作者筆下的桑田法官，是一位令人驚奇的法官，因爲在事業上，他所判決的是別人眼中的「小事」——對升官沒有幫助的案子，但是對他而言，所有在家庭中會發生的事，都是人生當中最重要的事了。

在這本漫畫當中，最引人省思的故事便是〈打開心房〉，其敘述綠山警察局的刑事——細川右近的太太提出了要與他離婚的要求，但是細川堅持不肯，當時裁判所的人都認爲在勸和不勸離的傳統下，負責此案的桑田法官一定會勸細川的太太不要再任性，促使兩人能夠早日重修舊好。可是卻沒有想到，一向溫和的桑田法官這回卻讓眾人都跌破了眼鏡，竟然判決同意雙方離婚！

他判決的理由是，細川已經慢慢變成一個沒感覺的人，因爲他看不到太太每天爲他更換的花，一個連太太每天幫他換的花都看不見的人，表示他的心思根本已經不在他太太身上了，這又要如何寄望細川能夠和他太太共度一輩子呢？

從《家栽之人》這部漫畫當中，我們看到原來天底下的家務事，其實是不分國度的，都需要我們用心去聆聽，用心去經營。

你聽見花兒的聲音嗎？它們每天都在向你訴說著不同的故事，只要你願意打開心房。

# 13 合法的黑道，光明的地下錢莊

在黑道暴力團體合法化的政策下，日本黑道不但可以合法開設公司，也還要每年定期向政府繳稅，它們大多從事色情行業、地下錢莊以及賭博事業。

日本社會一向難以接受犯過罪的人，因此在社會集體的約束力下，日本一直是個低犯罪率的國家，這讓到過日本旅遊的人，都對日本良好的治安讚不絕口。但是在二〇〇七年，日本長崎市市長伊藤一長，卻在市長選舉投票的前四天，在光天化日之下當街被黑道開槍狙殺身亡，這起兇殺案引起日本社會相當大的震撼。

這名槍殺市長的兇嫌叫做城尾哲彌，是一名隸屬於山口組水心會的黑道分子，他因爲與市政府之間發生工程糾紛，而一直遲遲拿不到貨款。城尾多次向伊藤市長反映卻得不到回應，便憤而持槍行兇。日本黑道的擁槍自重，引起日本民眾極大的恐慌，日本黑道公然介入政府的公共工程，更讓日本社會爲之譁然，因而全民紛紛要求日本政府對暴力團體進行大規模掃蕩。而讓人覺得不可思議的是，兇嫌城尾所屬的水心會組長（老大）水田元久，爲了表示對其屬下犯行的歉意，竟然向警方宣布即日起解散水心會，這充分表現出日本的黑道，還眞是盜亦有道。

## 浪人武士，日本黑道的起源

日本黑道的歷史緣起，可以追溯到幕府的末期，當時許多武士階級因爲被解散而淪落街頭，其大多從事經營妓院及賭博等低階的行業，同時也還維持著忠義及講究榮譽等武士道精神；到了二次大戰期間，在民族主義的推波助瀾下，日本黑道加入了軍國主義的行列，逐漸成爲日本政客用來暗殺對手的工具，而黑道也善用與政治之間的連結，以逐步穩固自身的政經地位；到了二次大戰結束之後，許多在日本的朝鮮人在謀生不易的情況下開始加入日本黑道，由於日本人常常排擠及瞧不起在日的朝鮮人，這讓日本黑道的地位變得日漸卑下，這從許多日本三溫暖及洗浴中心，都公然立牌禁止身上有刺青的人進入就可以清楚的看出，而在身體上刺青一直是日本黑道的最重要圖騰。

其實從二次戰後以來，日本政府爲了要便於管理暴力團（黑道），以及防止黑道分子從政，便採取黑道合法化的政策，在這項政策之下，所有合法登記的黑道成員都必須要向所屬地方的警視廳登記，同時出門也要配戴一定的標幟，以利於他人的辨識。另外日本黑道堂口的地點，也規定必須要明白地標示。因此，當長崎市長被山口組分子槍殺之後，日本警視廳很快地便統計出全國山口組的成員共計有三萬一千名，同

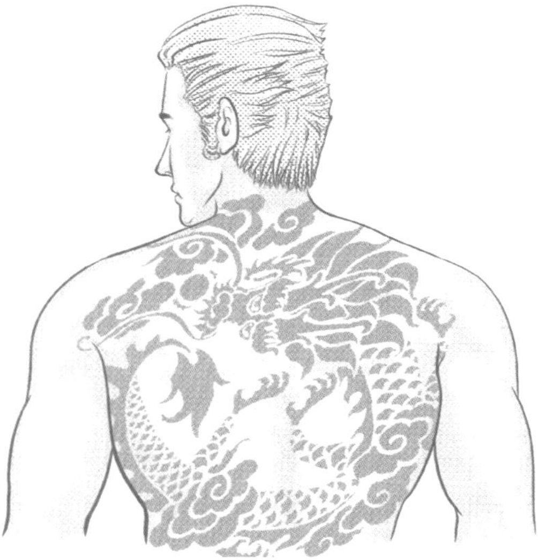

刺青一直是黑道最重要的圖騰。

時也透過綿密的組織情報網，沒多久便找出兇手。

在日本的合法黑道暴力團當中，最有名的當屬於「兩大三小」，兩大是指山口組及住吉會，山口組發源於神戶，因此以關西地區爲其根據地；而住吉會起源於東京日本橋，所以關東地區爲主要據點，之前因涉嫌在台灣與女星毆傷計程車司機而喧騰一時的那位日本籍男子，據稱就是住吉會的黑道分子。另外三小則是指稻川會、極東會及松葉會等分布在各地的黑道暴力團。

在黑道暴力團體合法化的政策下，日本黑道不但可以合法開設公司，也還要每年定期向政府繳稅，它們大多從事風俗（色情）行業、地下錢莊以及賭博事業，一直到最近幾年，日本黑道則常常透過對政治人物的政治獻金，因而開始涉入地方的公共工程事業；同時由於日本政府規定黑道暴力團可以合法經營企業，這使得一般企業與黑道經營企業之間的界線日漸模糊，這使得在近年我們常常可以看到日本許多政治人物，因爲被媒體爆料收受黑道企業的政治獻金而宣告下台。

在日本描述黑道的漫畫當中，最有名的當屬新田龍雄的《內衣教父》，以及青木雄二的《浪花金融道》。《內衣教父》的劇情單純在描述一名內衣設計師，繼承父親黑道老大地位的故事，其著重在黑道派系之間的擴張與火拚；而《浪花金融道》則是敘述日本黑道與地下錢莊之間的關係，其著重在探討日本黑道所經營的地下錢莊，是如何設下金融陷阱，讓人捲入永無止境的借款與還款，由此可見《浪花金融道》似乎比《內衣教父》還多了一點社會寫實與人性關懷。

## 將黑道手法忠實描述的漫畫

《浪花金融道》的作者青木雄二，年過半百才轉行當漫畫家，他的漫畫作品並不多，但是在一九九〇年開始連載的《浪花金融道》卻讓他一炮而紅，連得一九九二年「第十六回講談社漫

內衣教父

作者：新田龍雄

尚禾文化

畫賞」，以及一九九八年「第二回手塚治虫文化賞」等兩大漫畫獎，《浪花金融道》的大賣也爲他賺進五億日圓。而青木在年少輕狂的時候，曾經長期在八大行業上打滾，他當過泊車小弟、酒店少爺以及柏青哥小鋼珠店的圍事小弟，這也難怪他在漫畫劇情當中，對於日本黑道的行事風格以及地下錢莊的討債手法描述得入木三分。可惜青木在五十八歲時，便因爲得了肺癌而過世。

《浪花金融道》這部漫畫的劇情，主要是介紹一位名叫灰原達之的年輕人，他本來在燒肉店打工，但是在燒肉店惡性倒閉之後，被帝國金融的社長金子找來地下錢莊工作，負責催債及討債的業務，金子最主要是看上灰原對金錢過人的敏感度，而灰原的第一位客戶就是發不出薪水的工

浪花金融道

作者：青木雄二

長鴻出版社

廠老闆來借錢，金子教灰原如何查清楚借貸者的信用關係，以判斷對方是不是刻意到處借錢以債養債，並一再告誡灰原必須要有還錢的可能性，才能借錢給對方，但是灰原卻心軟輕易相信連帶保證人富士子的話，而讓對方借錢逃跑了，之後在帝國金融另一位老手桑田的幫助下，把借錢的人及保證人全部找出來，要求他們以申請信用卡，利用預借現金來以卡養卡來償還所有債務。

其次這部漫畫也介紹日本卡奴爲了要償債，以購買他人信用卡的方式，連續刷卡幾十萬購買高價貨品，之後再上網拍賣取得現金，次日再向信用卡公司申請掛失，讓信用卡公司可以從意外保險金當中獲得理賠，讓犯罪人及信用卡公司皆無損失的新型金融犯罪手法；同時這部漫畫也探討日本政治人物，爲了要籌措龐大的競選資金，轉向地下錢莊貸款，選上之後再以籌辦夜間學習會的方式，開立假發票來償還債務的政治醜聞。

《浪花金融道》這部漫畫還有一項很重要的特色，便是其有別於沖本秀（《神之雫》以及《心理醫恭介》的漫畫家）筆下所繪的俊男美女，劇情的主角及配角都強調寫實、傳神，不但長得相當醜陋，以配合黑道分子的眞實面目，而且名字也取得相當猥褻，例如肉慾棒太郎、泥沼龜之助等，是一部少數作者長得比劇中人還要帥的日本漫畫；其次這部漫畫的背景圖像不但相當簡單、俐落，線條也都不脫橫條或直紋，這些是作者一筆一筆畫出來的，這也有別於其他漫畫的背景圖是由專任的插畫師所描繪出來的；最後這部漫畫也透過地下金融討債的劇情穿插，介紹相當多的金融專門用語與知識，例如匯兌及遠期匯票等專業用語，是一部兼具社會寫實以及知識性的漫畫。

在日本於一九九〇年泡沫經濟破滅之後，許多中小企業開始陷入經營困境，這些企業老闆不忍心裁員，同時爲了要維繫日本的終身雇用制度，只能轉而向地下錢莊借錢周轉。日本的地下錢莊雖是合法經營的公司，但是索取的利息卻相當高，因此常常傳出很多日本的中小企業老闆，因爲被高額利息壓得喘不過氣，只能尋短的新聞報導。

爲了避免一般民眾受害，日本政府規定地下錢莊不能在電視上打廣告，但是地下錢莊的宣傳廣告卻是無所不在，我們走在東京街頭，常常可以看到璀璨的霓虹燈廣告上面寫著「武富士」三個大字，同時在人潮聚集的新宿、澀谷街頭以及主要車站出口，也常常可以拿到免費發送的面紙，面紙上面也會寫著「武富士」三個字。

而武富士公司（二〇一二年更名爲TFK株式會社），便是日本最大的地下錢莊公司，其主要供應一些被銀行拒絕往來的個人或企業小額借貸，同時收取比銀行還要高的利息，之前在台灣相當盛行隨借隨還的「現金卡」，便是由日本武富士公司開始發行的，武富士公司還在日本全國各地主要街頭裝置借款機，向日本上班族推銷小額借款的便利性，在經濟愈不景氣，小額貸款的需求愈高的情況下，造就日本排名前十名的

日本最大地下錢莊：武富士。
該公司已於2012年更名為TFK株式會社。

的億萬富豪，便有三位是經營地下金融的老闆，由於現金卡的利息相當高，因此日本一般正統的銀行並不願意承做這項業務，但是在台灣卻是由合法的銀行經營現金卡業務，這也可以看出台日企業文化的異同。

下次大家若到日本旅遊時不妨留心，也許你可以在毫不起眼的街口看到矗立著的日本黑道堂口，你更可以拿到成疊成把的武富士面紙，實際感受一下這鮮爲人知的日本地下經濟。

# 14 禮金與日本人的兩面性

日本民族總是讓人感覺到奇怪，它既文雅卻又暴躁，賞花時會落淚，有時卻又殺人不眨眼，隨處小便可以諒解，但是隨地吐痰卻又被禁止。

二〇一四年十月，日本明仁天皇的侄孫女典子公主（高笠宮親王長女），下嫁給島根縣出雲大社神宮住持的長子——千家國麿，而典子公主因爲要下嫁給平民人家，依照皇室慣例必須要脫離皇室，因而喪失皇室成員的身分，而根據日本《皇室經濟法》的規定，對於脫離皇室身分的成員，日本政府必須要支付一筆生活費用，以保護皇室的風範，因此，日本內閣府決定向這對新婚夫婦，提供約合一億六百七十五萬日圓（約三千萬台幣）的補貼，以作爲典子的結婚禮金。

日本人一向富而好禮，因此，不論到日本友人家中拜訪，或是訪問初次見面的陌生人，抑或是麻煩別人幫忙，都必須送禮，但是日本人送禮不講求貴重，只講究個人的心意，如果送過於貴重的禮品，將會給對方帶來相當大的「人情」及心理壓力，因爲這意謂著日後對方也要回送同等價值的禮品，因此在日本送厚禮，也算是一種給別人添麻煩的舉動。其不像中國人喜好動輒送個大禮，但若是對方日後沒有送等同價值的禮物，常常會在心中起個疙瘩，破壞人際間的正常交往，因此，日本這種不送厚禮的慣例，實有其好處。

日本傳統是有極強的「界限」感，什麼是屬於自己的，什麼是屬於別人的，都必須畫分得一清二楚，假若別人把東西送給自己，事後一定要等價奉還，所以日本人與朋友出外用餐，通常喜歡各自付帳，而盡量不讓別人請客，一方面怕自己日後沒有辦法回請，也避免讓自己承擔過多的人情。其也不像中國人好大喜功，常常爭搶著付帳，但若常常是由自己請客，卻又會抱怨對方太小氣，中國人之間的紛爭，便常常是由付帳而引起的，因此，日本這種親兄弟、明算帳的方式，實是有利於友誼的長期維持。

## 包袱布文化——雙重性格的表現

而曾經接受過日本人禮物的人都知道，他們會把小禮品包裝得非常精美，常常要打開一層層的包裝紙，才能見到禮品的廬山眞面目，有時候會是一把手工精巧的小扇子，有時候會是裝飾美麗的小點心，這便是所謂的禮輕情義重，但是中國人卻常常喜歡以禮品的價值，來代表情意的深淺，這與日本的送禮觀是大不相同的。

另外日本人也喜歡用柔軟的細布來裝隨身物品，這與西方人習於用生硬的皮箱裝物大不同，因此，有人戲稱日本文化是一種「包袱布文化」。而包袱布常常會隨著所包的物品形狀不同而隨之變形，這可以看出當日本在處於劣勢時，所展現的柔軟身段及無限的延展性；另外柔軟的包袱布看起來雖然內容豐富，但在難以輕易穿透的情況下，卻也包藏著高度的不定性與複雜性，這也顯示日本人尙禮而好鬥、服從而不馴的雙重性格。

除了送禮之外，在日本人的日常生活當中，也處處可以見到禮金的習俗，例如在日本，當您到外地租房子的時候，除了原本的押金及租金之外，還要額外支付一筆禮金，禮金金額通常是兩個月的租金，以感謝房東能夠把房子租給你，而這份禮金通常日後是不能要回來的，所以日本人在租房子的時候，通常會相當的謹慎小心，而且不太喜歡時常更換租屋的地點，因爲如果更換新租屋的話，就意謂必須要再另外支付一筆禮金給新的房東。

除了租房子需要禮金之外，上學也需要支付禮金。在日本，每一位剛考上大學的新生，在第一年入學的時候，除了原本的學雜費用之外，也要另外支付一筆禮金給學校（只有第一年入學需要禮金），這筆禮金金額通常約爲一年的學雜費用，大約是一百萬日圓，以感謝學校的大恩大德，能夠收你爲學生，而這筆入學禮金日後也是不能要回來的，所以在日本，也不時興轉學，因爲如果你換另一所大學就讀的話，就必須再支付一筆禮金給新學校。

除了日常生活處處需要禮金之外，在日本參加友人婚禮，禮金（紅包）的行情更是高得嚇人。在日本，結婚禮金通常基本爲三萬日圓起跳（約合台幣一萬元），交情比較好的摯友，更要高達七萬至十萬日圓，因此，如果您一個月剛好有兩三個好友要結婚，那可能就必須要去貸款了。而有趣的是日本人包結婚禮金，通常是用白色的信封（稱之爲金封），與我們台灣習俗喜慶喜歡大紅，忌諱使用白色，是截然不相同的，另外日本的結婚禮金金額的算法，也跟我們不一樣，我們是忌諱金額使用奇數，喜好八或六，例如兩千六、三千八，而日本則剛好相反是忌諱偶數，因爲他們覺得偶數可以對半分開，這是不吉利的。

日本這種處處講究禮金的制度，雖然會帶給人們龐大的經濟壓力，但有時

日式婚禮

候卻也能夠感受到禮金的周延與體貼。猶記得我在二〇〇二年，接受日本交流協會專門家計畫的補助，到日本從事短期研究時，也曾經體會到日本禮金的莫大魅力，因爲在補助項目上，日本政府除了支付我日常生活費及研究費用之外，竟然還包含禮金，也就是當我到達日本時，支付我一筆十萬日圓的到達禮金，以讓我作爲安家的費用；另外當我研究完成要離開日本時，它也會額外支付一筆五萬日圓的回國禮金，讓我可以購買禮品回國送給親朋好友，由此可見，日本的禮金制度是如此的周延及無微不至。

## 解構日本人的兩面與矛盾之作

日本除了禮金制度之外，還有一項特別的「中介制度」，也就是日本人爲了避免當面討價還價的尷尬，凡事都喜歡透過仲介人來引介，例如日本政府規定房子買賣必須要透過仲介商，屋主不能像台灣一樣貼個紅紙，就可以自行買賣；同時日本人在房屋出租時，也習慣透過仲介商，由他們來篩選客戶，同時日後也是由仲介商來向房客收取房租，因此有很多在日本租房子的外國人，甚至從沒有見過房東的長相。

最近許多台灣的房地產投資客流行到日本炒房，因爲日本東京的房價比台北低，租金又比台灣高，CP值顯得相當高，而許多的台灣炒房客爲了要搶客源，竟然打破日本傳統的禮金習俗，打出免押金、免禮金的口號，這讓日本的禮金制度，似乎已經受到相當程度的影響。

而這種中介制度延伸到人與人之間的關係，就變成保證人制度。日本人做生意，習慣由認識的廠商或熟人來引介，因爲已經由認識的廠商進行篩選，這樣可以避免重新建立信任感的過程，同時引介的熟人，自然也要擔負起一定程度的保證人責任，例如有到過日本留學經驗的人都知道，到日本之前必須要有一位日本人，來擔任您在日期間的保證人，這常常造成許多外國人的困擾，因爲除非你在日本有親人，否則是不容易找到願意爲你保證的人，一般人便只好找學校的指導教授擔任保證人的工作。

由此可見，日本民族總是讓人感覺到奇怪，它既文雅卻又暴躁，賞花時會落淚，有時卻又殺人不眨眼，隨處小便可以諒解，但是隨地吐痰卻又被禁止。

最近有一本漫畫《雙面魔術師》，可當做解構日本人的兩面性與矛盾性的代表，這本漫畫的作者名叫細野不二彥，他原本在日本漫畫界的知名度並不高，作品也不多，卻因爲這部漫畫而成名，他另一部有名的漫畫叫《眞相之眼》。

這部漫畫的主角是春居筆美，他白天是一家信用貸款公司「月影信貸」的小職員，平日的工作就是到處去催收應付的帳款，但是到了晚上，他卻化身爲一位正義的使者，替百姓剷除惡勢力的超級魔術師——Dr. Whoo，春居白天的時候個性唯唯諾諾，但是在晚上成爲Dr. Whoo，卻是強勢而不留任何情面，這正符合日本人具有兩種人

雙面魔術師

作者：細野不二彥
尖端出版

格的特性。

在細野不二彥筆下的春居筆美是Dr. Whoo自我催眠出來的人格，也等於是Dr. Whoo的對外直接聯繫窗口，他藉由公司特殊的經營體系，在白天會選定需要被幫助的受害人，負責蒐集加害者不公不義卑劣作爲的情報，而到了晚上化身爲Dr. Whoo時，便會根據所蒐集來的資料，善用所有周邊資源，以巧妙的手段與華麗的魔術手法，代替受害市民，向蠻橫惡勢力強制收回無效之債權，等於是另一種形式的正義代言人。

而從日本的禮金制度，我們看到日本人好禮的一面，但也從禮品華麗的包裝上，看到日本人高度的不確定性與複雜性，這應該就是日本文化雙重性的最佳寫照吧。

# 15 超高齡社會下的奇特現象

超高齡社會爲日本帶來許多特殊現象，首先是老人介護中心（安養院）的家數遠比便利商店還密集；其次是日本娃娃車不載幼童改爲搭載老年人；最後則是老人便利商店因應而生。

日前日本厚生勞動省公布一項數據，日本男性平均壽命首度突破八十歲大關，世界排名第八；而日本女性更是長壽，平均壽命則爲八十七歲，高居世界首位，由此看來，日本應可稱之爲「長壽之國」。

而在人均壽命大幅提升的情況下，現今日本六十五歲以上的老人，占總人口數的二六％，平均走在大街上的每四個人，就有一位是六十五歲以上的老人，依照世界衛生組織的定義，只要六十五歲以上的老人比例超過總人口的七％，便正式步入高齡化社會（台灣目前爲八％），而日本老人比例卻遠遠超過三倍多，應該可稱之爲「超高齡社會」。

日本政府對於「超高齡社會」，一則以喜、一則以憂，喜的是日本社會福利及醫療制度相當完善，這讓日本人的平均壽命大增；憂的是高齡化社會，因爲勞動人口的大幅萎縮，不但會拖垮日本的經濟競爭力，也爲日本政府帶來沉重的財政負擔。而日本政府在每年的歲出預算當中，就有超過四分之一要用來支付老人的國民年金。

超高齡社會爲日本帶來許多特殊現象，首先是老人介護中心（安養院）的家數遠比便利商店還密集，由於日本的老人通常不習慣和子女生活在一起，子女也沒有奉養父母的習慣，再加上日本政府在一九六〇年代開始便實施介護保險制度，老年人只要支付一半的費用，便能夠入住設施完善的介護中心，因此日本的老年人只要退休之後，便會夫妻住在一起、相互扶持，而一旦另一半過世，便會自動住進老人介護中心，這也難怪單單東京都及千葉縣，總計公私營的老人介護中心便多達一千多家。

其次是日本娃娃車不載幼童改爲搭載老年人，在少子化的趨勢下，日本的幼童愈來愈少，年輕人不婚、不生已經成爲社會常態，根據一項統計，日本四十歲以上的中年人還有超過二〇%尚未結婚，這讓許多腦筋動得快的商人，把原本在幼稚園上下課的娃娃車，改爲接送老年人到日間照護中心。所以下次到東京，看到滿街跑來跑去的娃娃車上卻載著滿車的老年人，也千萬不要感到驚訝。

最後則是老人便利商店因應而生，在日本許多鄉間，特別是老人人口比例超過四〇%的秋田縣及新潟縣，開始出現專門爲老年人服務的便利商店，你一進入老人便利商店，門口便會擺著老花眼鏡，走道都是特別寬敞的無障礙空間，而商品的價格標籤都會比一般大上兩倍，而便利商店所販售的便當都是經過特別處理，以粥麵等柔軟易消化的商品爲主體，當然櫃檯的服務員自然也是老年人。

## 黃昏流星群，道盡遲暮之戀

而在當今的日本，不單單只是社會人口急速的高齡化，連監獄的犯人也邁入高齡化了，在日本許多老人因爲被家人棄養，只能以犯罪來進入監獄內養老，而日本犯人高齡化的情況有多嚴重呢？根據日本法務省的統計，在過去十年當中，六十五歲以上的高齡犯罪便增加兩倍，而在目前日本監獄收容的犯人當中，六十五歲以上的高齡犯人便占了百分之十，這也難怪日本政府不但要在監獄內設立無障礙空間，也要專門成立老人監獄來收容這些高齡犯罪者。

在日本，有的老人因爲被家人棄養而進入監獄，但卻也有老人成爲家人的搖錢樹，前幾年便頻頻發生許多百歲老人，明明已經死亡多年，但是家人卻隱匿不報，也不下葬，繼續冒領政府的國民年金，甚至有一位可憐的老人已經過世三十餘年，遺體都已經成了白骨，但家屬卻仍持續矇騙。上門清查的市役所人員，總計在這三十多年以來，這家人共冒領多達九百七十萬日圓的養老金，這讓日本厚生勞動省開始發動高齡人口的普查，全面清查國內失蹤多年的老人，以即時掌握這些高齡老人的現狀。

在日本寫實漫畫當中，探討老年人問題最有名的漫畫，便是弘兼憲史的《黃昏流星群》。《黃昏流星群》並不探討嚴肅的高齡化社會問題，反而是直接探索老人內心的愛情故事，而從這些不倫、低調及沉悶的愛情故事當中，省思一旦人到老年之後，到底要過著什麼樣的生活。其次《黃昏流星群》也顛覆過去愛情故事一定要是俊男美女的不變定律，作者在漫畫當中赤裸裸的描畫出老人垂垂老矣的軀體，雖然畫面並不怎麼好看，卻多了一份寫實與共鳴。

本文以漫畫當中的〈不惑之星〉及〈星星公主〉兩篇故事，來對比出兩段不同的黃昏戀情，所產生出不同的愛情結果。

首先〈不惑之星〉是描述一個從年輕就開始埋首工作的銀行支局長盛本芳春，他的人生就是每天上班、工作、領薪水、付房貸以及養活妻小，三十年來一成不變，家庭幸福遠遠不及工作的重要，直到遇到一位營養師目黑誠子，他才找到他的真愛，但是他覺得自己對家庭有份責任

黃昏流星群

作者：弘兼憲史

尖端出版

感，因此遲遲沒有選擇離婚，直到在女兒的婚禮結束之後，他覺得他的任務已經告一段落，年紀也已經五十三歲，距離一個人的平均壽命只剩下二十七年了，盛本終於要誠實面對自己的人生，他說：「我自己眞正想做些什麼呢？我該爲自己的人生找個新方向，再努力一次看看嗎？我要和自己所愛的人一起生活，還是毫無作爲的等待人生走向終點呢？」

〈星星公主〉是描述一位一輩子都在機械工廠擔任作業員的田村修平，他沒有孩子，也沒有任何不良嗜好，和他的妻子敏子相依爲命四十年，但是他卻在退休之後，迷上了一位年輕的陪浴女郎——磯貝洋子，每次都指名點她，因爲唯有她才能讓田村重拾戀愛的感覺。而當他的太太知道這件事之後，發現田村是眞心的付出愛情，同時覺得自己的存在，只會對他的未來幸福造成阻礙，因此決定選擇死亡，但她擔心自己走了之後，田村的生活會出問題，所以留了一份備忘錄下來，上面詳述瓦斯開關、浴室及洗衣機的使用方法、晒乾衣服、電鍋及洗米的方法、味噌湯的做法以及儲金簿和人壽保險證明的收藏地點……

## 年輕時躊躇，年老時義無反顧

這兩則故事似乎道出：當一個人在生命和體能開始走下坡之後，對於未來人生所產生的不安和焦慮感，而年輕時掙扎在人生漩渦中的「流星們」，對於感情的需求，只是一再地隱藏，其實並未消失，他們仍期待在生命終點前能再綻放一次光芒、為自己的未來再做一次拚搏，甚至談一場轟轟烈烈的戀愛。

看完了弘兼憲史的這部《黃昏流星群》，顛覆了我們過去認為愛情只是年輕人的專利，也了解到老年人追求眞愛時的毫無畏懼，更洞悉到老年人內心的寂寞世界，我們這才發現到老年人其實要的不只是金錢，而是兒女對其發自內心的關懷。

相信許多人都看過由日本小說家深澤七郎所寫的小說，並由今村昌平改拍成電影的《楢山節考》，它敘述過去日本鄉間的一項不成文習俗，老人家只要一到七十歲，就會由家人背到深山野嶺等死，而一位六十多歲的婆婆，爲了讓自己的孫子能多一口飯吃，便用石頭敲掉自己的牙齒，讓自己看起來更老一些，希望家人能夠早點背她到深山之中。而從長野到東京的高速公路上，在途中我們可以看到一個「姨棄服務區」，從日文的解讀來看，「姨棄」應該就等同於「遺棄」，因爲這是過去日本老年人及女人被遺棄的地方，因此它又有「遺棄山」之稱。一旦年老了，就要被遺棄，這看似非常荒謬不合人情，卻深刻地描繪過去嚴苛的生存環境之下，自然界的殘酷生存法則。每個人都會老，當我們年老的時候，該如何學習面對、度過這漫長人生的黃昏，《黃昏流星群》已經給了我們最好的答案。

# 16 銀髮照顧，刻不容緩

日本人的長壽相當驚人，世界上沒有其他國家的人口老化速度像日本如此地快，而且沒有人知道這種國家到了最後會變成什麼樣子。

日本是世界上老化最嚴重的國家，在一九五〇年時日本全國只有九十七位百歲人瑞，但是到了二〇一四年，百歲人瑞已經增加到五萬八八二〇人，平均每十萬人就有四六．二一位百歲人瑞，而其中有八八．七％是女性，若以平均壽命來看，日本女性平均壽命八六．六一歲，高居世界第一；男性則是八〇．二一歲，也是全球第四位。

現年一〇三歲，目前擔任東京聖路加國際醫院理事長的日野原重明醫師表示：「日本人的長壽相當驚人，世界上沒有其他國家的人口老化速度像日本如此地快。而且沒有人知道這種國家到了最後會變成什麼樣子。」以下我們就來看看高齡化的日本所產生的特殊現象。

## 高齡社會下的特殊光景

在日本九州熊本縣的天草市，有一家網路電視台，二〇〇九年在一齣報導性節目中，推出兩位非常特別的人選來擔當主播，不過這兩位主播，可不是我們一般傳統認知，年輕美麗、身材曼妙的女主播，而是兩位年齡約一百歲的老太太來擔任主播。這兩位全球最年長的電視播報員，不但是這家電視台的鎮台之寶，同時也深受日本國內觀眾的喜愛，更吸引韓國、法國，乃至於半島電視台等全球媒體的爭相報導。

這個以介紹當地特色為主的節目，是由一位一〇五歲的森婆婆，與另一位九十二歲的黑川婆婆共同主持❼。他們不但擔任新聞主播，同時還親自到各地採訪

---

❼森婆婆如今仍在該電視台服務，現年一百一十一歲，仍是世界最高齡主播。黑川婆婆已於二〇一一年七月六日去世，享年九十五歲。

新聞。這兩位老人主播總是穿著粉紅色的短夾克上鏡頭，他們幾乎每週都會用天草的方言，來介紹熊本縣的著名景點和特產，最引人注目的是，這兩位人瑞主播還曾經採訪到天草市拉票的前首相麻生太郎。

天草電視台是由一位從一家廣告公司辭職回鄉的金子寬昭，在二〇〇一年所設立的，他因爲「希望讓擁有豐富知識和經驗的老人報導切身的話題」，因而決定起用兩位老人擔任主播，沒想到竟然一炮而紅，不但吸引眾多的老人爭相觀賞，還成爲當地收視率最高的電視節目，由此可見，由人瑞來報導老年人

超人氣的老人主播：森婆婆（左）與黑川婆婆

的相關議題，的確是比較容易引起彼此的共鳴。

其次，日本是亞洲成人電影最爲興盛的國家，而在大家的印象當中，成人電影當中的男優和女優，應該都是身強體壯的男性，亦或是身材標緻的女優，但是在高齡化的衝擊下，在讓人臉紅心跳的日本成人電影領域中，竟然也可以看見銀髮族活躍的身影。例如現年已經八十歲高齡的德田重男（藝名松木梅吉），便是現今日本最年長的成人電影男主角，他出道至今已經演出約三百五十部成人電影。

德田原本是一家旅行社導遊，因爲常常到外地出差，住旅館時都會在房間看成人電影，竟然對成人電影產生興趣，於是他在七十歲退休之後，便進入成人電影圈，成爲日本最年長的AV男優。原本日本成人電影最年長的男演員是安田義章，但他因爲「職業傷害」造成背部受傷，宣布退休❽。

另外，根據日本內閣府的統計，目前全日本六十五歲以上老人的犯罪率已經

---

❽安田義章已於二〇〇八年去世，享年九十歲。

突破一〇%，這些高齡犯罪行爲大多涉及偷盜和扒竊，例如有一名七十五歲的老人在名古屋一家超市偷拿食品時被發現，他說他身上只剩下四千日圓，而距離下次養老金發放還有兩個星期，他不偷東西吃就要餓肚子了；而在北海道札幌也有一名七十三歲的老人，因爲攔路搶劫被警方逮捕，他說因爲他沒有資格領取養老金，只能靠搶劫度日。

另外，日本政府也發現有許多被棄養的老人，以故意犯罪來進入監獄，這讓日本監獄高齡收容者大增，因此，日本法務省已經開始在全國的監獄建立無障礙設施，包括專門在浴室安裝扶手，設置便於輪椅滑行的坡道，提供手推車和拐杖等助行工具，同時也配備專門的看護工來給犯人餵食。而日本老年人犯罪率的上升，已經引起了日本政府的高度關注，目前日本法務省已經展開研究，旨在找到問題根源，並採取遏制措施，而根據調查顯示，退休金不足、再度就業困難、照顧配偶艱辛、缺乏家庭溫暖等因素，都是導致日本老年人犯罪率增加的主要原因。

## 看護工短缺，高齡社會迫切問題

在了解日本高齡化所產生的社會問題之後，日本老年人口的急速增加，也讓看護工的需求大增，但是由於傳統上日本的老年人不習慣給外籍看護照護，以及日本政府目前還嚴格禁止輸入外籍的看護工，再加上一般年輕人不喜歡從事看護工的行業，這讓日本的看護工人數大幅短缺，根據統計目前日本全國看護工約略短缺二十萬人，日本政府已經開始在立法，以當地留日的外籍學生，若畢業轉為看護工，將可以取得日本的居留權的方式，來解決看護工短缺的問題。

而在日本漫畫當中，探討老人照護問題最有名的漫畫便是《看護工向前衝》，作者是草花里

看護工向前衝
作者：草花里樹
東立出版社

樹。《看護工向前衝》不只是一部刻畫看護工工作狀況的漫畫，也是一部探討日本看護保險制度的漫畫，對於老人需求的描繪更是生動，讓我們了解到老年人要的並不是金錢與物資，而是要子女對他們的無微不至的關照，這本漫畫對於即將要推行長期照護保險制度的台灣，具有很高的參考價值。

首先《看護工向前衝》探討日本的長期看護保險制度，讓我們了解到日本老年人可使用長期看護保險來照顧老人，例如漫畫主角恩田百太郎在看到一位失智老人被強制約束及大小便失禁不願沐浴，以及喪失記憶的衝擊，於是開始反思自己的人生，他在服務老人的過程當中，找到自己奮鬥的目標——成為一名看護工。作者想要傳達出一個觀念，就是不要把老人當成笨蛋，或將他們物品化了，永遠記得他們是需要尊重和有權利追求幸福的人，不然的話，套句作者常在書中寫的，有一天你也會是需要長期看護保險的老人。

其次是對居家失智老人看護的深刻描寫，漫畫當中提到由於評核失智的程度不一定能夠精確，有時也會發生明明是重症，但卻出現看護工服務時數不足，或是類型不合的情況，漫畫中也談到居家失智老人的家屬在照顧時的辛酸血淚，甚至產生希望老人快死掉的念頭。此外這本漫畫，在描述失智老人主要照顧者的能量耗竭上有很深刻的描繪，有時候照顧者會因耗竭而虐待失智老人，但它認爲並非一味以指責的角度來看待虐待，而是以同情施虐者的角度，認爲其實是能量耗竭所致，漫畫強調了照顧者需要長期看護保險支援的重要性。

另外漫畫當中也提到失智老人的性慾，提醒大家失智老人雖然失智，但本質上還是人，還是會有人的正常需求，而在看護機構當中，爲了管理的方便，常會以管理者的角度來做安排，不見得會尊重到老人的需求，而這部漫畫提醒了我們，不要忘了老人並不是物件，而是人，是有情感的人。

最後，這部漫畫也探討外籍看護工的問題，點名當前日本國內看護人力不足的嚴重性，需要大量引進外勞。而漫畫也強調家庭感情的意義及重要，並嘲諷了日本家庭成員過度追求自我，忽略家庭成員及照顧責任，造成家人間情感的異化疏離。

《看護工向前衝》除點出從事老人看護工作者，需要充沛的體力和堅強的意志力外，還明確地陳述誘導老人痴呆症患者的訣竅：讓他們專注於一件事，或是說「我們來做些什麼事情吧」從頭開始誘導；對被看護者的心情描繪更是淋漓盡致。

此外「尊嚴」也是這部漫畫一再強調的重點。老人家有豐富的人生經驗，曾是社會、家人重心的他們，更需要別人尊重，而不該遭受被強迫穿尿布、被強迫餵食等不人道對待。故事情節多次點出看護者的價值觀及倫理上的兩難，然而最終目的，仍是希望爲老人家留下快樂回憶。

有人說，現在的日本，就是十年後的台灣，每個人都會老，每個人都有年長的父母，當我們台灣的老人長期照護條例，還躺在立法院時，看看日本的例證，看看《看護工向前衝》的辛酸血淚，我們能不心急嗎？

# 17 綠燈籠背後的食安故事

在接連爆發食安事件之後，讓日本政府決定重新訂定《食品安全基本法》，並在內閣府下設立「食品安全委員會」。日本正式從「食品衛生」時代，邁進到「食品安全」時代。

最近台灣爆發一連串的食安問題，從大統的混合油、強冠的餿水油到頂新的飼料油，搞得台灣人心惶惶，不知道哪裡還可以找到眞正的油？

日本應該是世界上對於食品安全把關最爲嚴格的國家，但是在二〇〇〇年後，卻也爆發一連串的食品安全問題，例如肉類希望公司（Meat Hope）涉嫌將廉價豬肉混進牛肉當中加工，僞造成高級和牛販售圖利；北海道的白色戀人則竄改包裝的有效期限日期，販售過期的巧克力給大眾；高級的日本料理店船場吉兆，則將顧客吃剩下的菜回收，再重新包裝販售。由此可見，商人無良，舉世皆同。

## 雪印事件，媒體封殺廣告兩年

而在日本的食安事件當中，最知名應該就是二〇〇〇年六月爆發的雪印牛乳中毒事件。這事情的起因，是日本著名的食品大廠——雪印公司（相信許多台灣人都喝它的奶粉長大，對其應該都不陌生），其位於北海道的牛乳工廠，在該年三月底因故停電三個小時，但是工廠在復電後重新啓動生產線時，卻沒有將因停電而感染葡萄球菌的生乳加以廢棄，反而逕自製造成低脂牛乳對外販售，這造成日本關西地區總計有一萬五千人中毒，是日本戰後以來最大規模的食物中毒事件。

但雪印出包的事件還不只這一樁，二〇〇一年日本爆發狂牛症，日本政府爲了貫徹牛肉檢查制度，以安定人民對於食安的恐慌，便委託各地的農協收購國內所有被屠宰銷售的國產牛肉，這些國產牛肉在經過檢疫之後全部都要公開燒毀，所有的費用也都由政府支應，而雪印公司爲了清庫存及冒領政府的補助，竟然將其進口的澳大利亞牛肉重新更換包裝，不但將產地換成日本以僞裝成日本國產牛肉，同時也假造生產日期。

之後雪印公司便將這些重新包裝的「國產牛肉」，販賣給「日本肉類協會」，不法獲利高達一四六〇萬日圓，結果這件事被兵庫縣的西宮冷藏公司向日本政府檢舉，此事被披露之後引起輿論界的軒然大波，因爲這是在短短兩年當中，雪印公司所發生的第二次造假事件，於是各界紛紛譴責雪印公司喪失職業道德，罔顧消費者對於雪印公司的長期信任，日本各大商場更是紛紛停止販售雪印公司的所有產品，成立長達七十五年的雪印公司，竟在日本民眾的集體抵制下宣告破產。

猶記得當時日本的電視台有志一同，整整封殺了雪印公司的廣告長達兩年，同時雪印也把旗下所有的子公司分別賣出，乳業分別由日本全國農協及農林中央金庫接手，以協助雪印公司的經營及重整，另外雪印公司更在網上公布所有食品的製程，開放廠區讓民眾參觀，並由廠長親自導覽解說，以挽回日本民眾對於雪印公司的信心。

雪印公司僞造醜聞是來自於日本國內，但是日本的食安問題也曾來自於外部。二〇〇八年七月，日本兵庫縣及千葉縣陸續爆發大規模集體食物中毒事件，經過調查這些民眾都有一個共通特點，都是吃了煎餃之後發生嘔吐、腹瀉等症狀。而日本警方調查後發現這批毒煎餃全來自於中國大陸，由河北省天洋食品廠所生產的，再經過仔細檢驗之後，更嚇人的是這批煎餃都含有有機磷系殺蟲劑的「甲胺磷」，這讓日本警方懷疑有人刻意下毒，並朝殺人未遂的方向偵辦。

在毒煎餃事件爆發之後，進口這批毒煎餃的日本JT食品公司立刻召開記者會向社會大眾致歉，同時也緊急回收所有二十三類相關中國製產品，最後在日本以及中國大陸警方的聯合偵辦下，發現這批毒煎餃是由中國天洋食品廠的員工刻意下毒的。天洋食品的臨時工呂月庭，因爲不滿公司遲遲未能將其升遷爲正式員工，竟多次在冷凍煎餃當中注射「甲胺磷」，以意圖製造事端，導致中國大陸及日本多名消費者中毒，最後這名員工雖被宣判終身監禁的無期徒刑，但是毒煎餃事件，卻早已引發日本消費者對於中國大陸製造食品的恐慌與不信任，於是引發日本餐飲界的「綠燈籠運動」。

## 提倡在地食材，挽回消費者信心

「綠燈籠運動」是日本餐飲業者在中國毒煎餃事件發生之後，自發性地響應使用國產食材的積極行動，同時也讓消費者知道自己店內選用國內食材的比例，以資訊透明及公開化，讓消費者能夠安心在店內享用。例如如果店內食物採用國內食材的比例超過五〇%以上，則在燈籠上標註一顆星；若是超過六〇%的話，則是標註兩顆星，並以此類推。而最難能可貴的是，這項運動並非是由認證單位發證，而是店主依照自家餐廳是否使用在地食材，自由懸掛。這

日本餐廳外頭懸掛的綠燈籠——自發性的食安運動。

是一個日本提倡使用國產在地食材的良心運動。

在接連爆發食安事件之後，讓日本政府決定廢棄過時的《食品衛生法》，而重新訂定《食品安全基本法》，並在內閣府（相當於我國的行政院）下設立「食品安全委員會」，這個委員會由七名獨立委員所組成，下面設置有調查局及事務局，讓日本正式從「食品衛生」時代，邁進到「食品安全」時代。同時這部《食品安全基本法》強調從「產地」到「餐桌」全程的監督。

此外日本政府為了保障消費者權益，於二〇〇九年在內閣府之下成立消費者廳，從消費者角度來對食品安全進行全面監管。消費者廳主要以尊重消費者權利，支援消費者自立為主要的基本理念，其主要的工作包括對消費者意見進行蒐集和調查分析，定期公布食安及時資訊以提醒民眾注意，最重要的是消費者廳下設消費者安全調查委員會，對民眾的調查申請進行審議，若認定有必要調查，就會開始對事故原因進行調查，以全面建構一個以消費者為主體的食品安全制度。

## 描繪酪農人生的漫畫作品

日本牛奶大廠雪印公司的大本營，是在以生產奶酪聞名的北海道，許多人到北海道旅遊都不忘帶上一罐濃郁的奶酪回家。而在日本漫畫當中，便有一部以北海道的奶酪農家爲背景的漫畫《銀之匙》，探討當前日本農村人力日漸萎縮，以及如何將農產品升級銷售的議題。

《銀之匙》的作者是荒川弘，她是一名出身於北海道的女性漫畫家，她的本名爲荒川弘美，但是在日本漫畫圈一向以男性爲主導的傳統下，女性漫畫家的作品銷售量通常會不及男性漫畫家暢銷，在這種商業考量之下，她便特別把自己的名字去掉「美」字，而變成「荒川弘」這樣一個

銀之匙

作者：荒川弘

東立出版社

中性的名字當成自己的筆名。

荒川弘出身於北海道幕別町的一個酪農家庭，同時就讀當地的一所農業高校，因此畢業之後便在家中幫忙酪農事務，而《銀之匙》這部漫畫便是她個人的親身寫照。其實眞正讓荒川弘一炮而紅的並不是《銀之匙》這部漫畫，反而是她在二〇〇一年所創作的奇幻少年漫畫——《鋼之鍊金術師》，這部漫畫描述一對兄弟爲了思念過世的母親，而甘冒鍊金術的大忌，從事「人體鍊成」的故事，而《鋼之鍊金術師》引人入勝的故事，讓其在日本地區大賣四二〇〇萬本，同時也連續榮獲日本小學館及星雲賞等大獎。

《銀之匙》的故事，是描述北海道大蝦夷高級農業學校（北海道古稱蝦夷）的故事，這所農校是一所坐落於北海道中部的農業高中，校內學生多爲當地將從事農業當作目標的農家子女。這所學校在全日本所有高中當中擁有最大的占地面積，同時也被北海道壯麗的大自然和鄉村風情所環抱。這所學校在新學年裡迎來了一位特殊的學生——八軒勇吾。

八軒勇吾這位文弱學生，與其他大多來自農家的學生大不相同，他來自北海道最大城市札幌，同時也是經過考試進入這所蝦夷農校（其他當地學生則是經由保送進入），他選擇這所偏遠農校的理由，是因爲八軒在初中時，因爲在激烈的學業競爭中失敗，並喪失了自信，從今之後，他開始迴避自己的家人。僅以「不需要回家」爲理由，進了住宿制的蝦夷高農。

因此他不知道自己的夢想爲何，所以並非是因爲想要就職於與農業有關的工作而選擇了高農，而當他發現身邊的同學都有著各自的夢想時，深深地感受到了焦躁和自卑，於是八軒便開始寫作「就讀於高農的每一天」，並拋棄都市人對於農村小孩的偏見，積極融入當地的酪農生活，從蝦夷農校開始出發，尋找屬於自己未來的夢想。

下次到北海道旅遊時，在觀賞富良野及美瑛的花海之外，別忘了，要記得享用濃郁的北海道奶酪酥，同時也要體驗一下《銀之匙》故事當中的農家生活。

第三部

# 從漫畫看你不知道的日本專業崇拜

# 18 東大，日本官僚的搖籃

日本的東京大學情結，讓東京大學集所有寵愛於一身，也使日本學子爭先恐後搶進。而當近年來日本官僚接連爆發政治醜聞時，東京大學也成為輿論撻伐的焦點，眞是成也東京大學，敗也東京大學。

在儒家文化的影響下，東亞國家一向是學歷至上主義，在父母望子成龍、望女成鳳的心態下，總是希望自己的子女能夠拿到博士學歷，而在博士情結的作祟下，接踵而來的升學壓力自然落在年輕學子身上，這也造成升學補習班滿街林立的特殊現象，同時也造成台灣現今博士滿街跑，卻找不到黑手及水電工的特別景象。在日本自然也不例外，日本最好的大學是「東京大學」，它是日本許多莘莘學子夢寐以求想要進入的大學，也造成日本人對東京大學產生了特殊情結。

東京大學有多好呢？根據英國泰晤士報在二〇一三年的最新統計，東京大學在全球排名第二十七名，在亞洲地區排名第一，反觀全台灣最頂尖的台灣大學，只在全亞洲排名第十四名；而東京大學在日本民間的地位有多崇高呢？在日本官僚體系當中的事務官，絕大多數是東京大學的畢業生，根據統計，每年日本的公務人員高等考試錄取名單當中，東京大學的畢業生約占全部總錄取名額的七五％。

而東京大學的畢業生在日本社會有多受歡迎呢？在日本的相親市場當中，每個人都必須寫上自己畢業的大學（強調出身），也要填上自己目前的工作是在大企業或是中小企業（未來的前

東京大學的安田講堂

景），最後則要貼上自己的相片，但是如果您是東京大學的畢業生，則可以破例不必貼照片，可見東京大學的畢業生在相親市場的炙手可熱。

## 為何在日本不易拿到博士學位？

其實日本是一個學校至上，而並非學歷至上的國家，所以在日本大學教書的教授，通常不要求需具備博士學歷，主要原因在於日本學術界是一個講究師徒制的傳統，所以依照東京大學的慣例，每年該校最優秀的大學部畢業生都會被要求留校，擔任指導教授的助手（研究助理），之後再慢慢跟著指導教授做研究，一路從助手、助教授、准教授再爬升到教授，而無法被留校擔任助手的學生，則繼續深造念研究所，或是投入就業市場當中。由此可見，東京大學最優秀的學生是在大學部，而並非在碩士班或是博士班的研究生。

也就是在師徒制的心理作祟下，讓日本學術界不認爲博士學歷，是擔任大學教授的必然要件，因爲從師徒制度訓練下出身的日本大學教授，絕大多數都不具有博士學歷，這讓過去許多留學日本的外國學生吃盡了苦頭，因爲依照日本的標準來看，連留學生的指導老師，都不具有博士學歷，他怎麼可能頒給您位階比他還高的博士學歷呢？可是假若沒有博士學歷，在其他國家幾乎找不到大學教職，而日本大學吝於頒給博士學歷，也降低許多外國留學生到日本留學深造的意願，有鑑於此，日本文部省近年來已經陸續要求日本國立大學開放授予博士學位，以達到十年內百萬留學生的目標。

另外日本大學獨特的開學時間，也讓許多外國留學生裹足不前，通常一般歐美主流國家的大學，通常是在每年九月入學，開始新的學期，但是日本卻是在每年的四月一日入學（日本政府的會計年度也是從四月一日開始，與其他國家是從每年一月一日起算不同），換句話說，假若有外國人士要到日本留學，他在六月學校畢業之後，早已經錯過日本大學四月一日的開學日，而必須等到來年的四月再入學，這讓想到日本念書的學生，將會平白浪費近一年的時間。而近期日本文部省爲了讓日本學制順利與國際接軌，有意將東京大學的入學時間改爲九月，但是這涉及到每年度的政府預算制度問題，至今遲遲無法順利解決。

也就是在封閉的師徒制度下，形成日本特殊的申請入學文化。一個外國學生若要到日本留學，通常要先找到指導教授，同時得到該指導教授的認可，同時還被要求到該教授的課堂上擔任一年的旁聽生（日本稱之爲研修生），之後經過該教授認可之後，才能順利入學成爲正式的研究生，而日本政府也要求外國留學生入學時，必須要有一位日籍的保證人簽結，而指導教授自然就成爲外國留學生在日本的保證人。由此可見，日本師徒制度下，老師與學生之間的綿密關係。

日本企業時興終身雇用制度，而

櫻花季開學

在日本學術界，指導老師與學生之間也是一種另類的終身雇用制度，因爲在日本一旦找到了指導老師，幾乎都是從一而終，中途更換指導老師被視爲一種禁忌，曾經有一位留學生，因爲與指導老師出現意見不和，而想要更換指導老師，但是之後他卻發現找遍該校所有老師，幾乎沒有一位老師願意再收他，最後他只能黯然放棄學業。因爲從日本學術文化的觀點來看，如果其他老師收了那位學生，便是與他原先的指導老師作對、爲敵，因此沒有一位老師願意爲一位學生，而得罪學術同儕的。

## 因東大情結而誕生的漫畫

而《東大特訓班》（日文原著爲《龍櫻》），就是一本教人如何考上東京大學的漫畫，這部漫畫的作者是三田紀房，他是日本一位相當有名的實用漫畫家，他的作品不但教考試（《東大特訓班》），教求職（《銀之錨》），教轉職（《轉職必勝班》），更教創業（《金錢之拳》）。而「《龍櫻》」名稱的由來，是由漫畫劇情的主要舞台龍山高中的放牛班學生，與櫻花的結合，它意味著在櫻花盛開的四月能夠考上東京大學，因爲日本大學的入學式，通常會選在四月的櫻花祭期間。

《東大特訓班》除了漫畫之外，也被改編爲電視劇，並在東京電視台的熱門時段，也就是星期五晚上播出，由知名演員阿部寬、長谷川京子，以及知名偶像山下智久、小池徹平及新垣結衣主演；而韓國KBS電視台也將其改編成韓劇「學習之神」播出。在漫畫及電視劇的推波助瀾下，當年日本各大補習班的報名人數竟然比前年增加了一二%，而該年報考東京大學的考生人數，也比前一年增加了將近四百人。

《東大特訓班》是描寫一位曾當過暴走族的三流律師櫻木建二，爲了要增加自己事務所的業績，便將一所大學錄取率不到二%，而有「笨蛋

**東大特訓班**

作者：三田紀房
台灣東販

高中」之稱的龍山高中，成功改造爲每年超過一百名錄取東京大學的頂尖高中。他爲了要提高升學率，便延攬許多優秀的名師，例如強調英語就是要快樂學習的川口洋；有高中數學魔鬼之稱的柳鐵之介；更有與日本大文豪芥川龍之介名字相似的國語老師芥山龍三郎；還有日文發音與愛因斯坦雷同的物理老師阿院修太郎。

作者在漫畫當中教讀者許多念書的方法，這些方法並非漫天叫喊，而都是有科學根據爲基礎，例如「樹枝狀的記憶法」「東京巨蛋結構法」「情歌背誦法」，同時還有教考生睡眠時間最好是一．五的倍數，例如六個小時或是七點五個小時，因爲根據睡眠心理學，人體的眼球轉動期是以一點五個小時爲一週期，如果人在轉動期間睡眠被打斷，當天將會比較沒有精神。

日本的大學考試制度不同於台灣，它是採取兩階段考試，第一階段是屬於基本能力測驗，由「日本考試測驗中心」統一舉辦，考試科目包括國語、外國語、地理歷史、數學、理科以及公民等科目，考試的型態以選擇題爲主，基本能力測驗通過之後才能進入第二階段的考試，一般來說，第一階段的考試通過率約爲二五％。

而第二階段的考試則是由各個大學個別招生，考試型態則是以申論題爲主，考生可以依照自己的程度來選擇要報考的大學，也許有許多人會認爲可以報考多一點的學校來增加錄取機率，但是日本各大學的入學考試報名費卻相當昂貴，大約要三萬多日幣起跳，這將對考生造成不小的經濟負擔。

日本的東京大學情結，讓東京大學集所有寵愛於一身，也使日本學子爭先恐後搶進。而當近年來日本官僚接連爆發政治醜聞時，東京大學也成爲輿論撻伐的焦點，眞是成也東京大學，敗也東京大學。

## 19 尊重專業的工匠精神

日本是極度尊重專業的國家，不論你是在任何職位，從事任何工作，只要能夠在自己的專業領域中做到頂尖，在日本社會便會得到相當崇高的地位，因此，日本便把具有特殊專長的專業人士，稱爲「工匠」。

到過日本旅遊購物的人，一定會大加讚嘆日本服務業的貼心與無微不至。當你買完東西，不論價格多寡，店員一定會幫你把物品提到門口，親自把物品交給你，之後再深深的一鞠躬，直到你離開他的視線，這種讓人深感尊重及窩心的服務方式，頓時讓人忘記日本的高物價，也免除了血拚的罪惡感，這也難怪台灣赴日本旅遊的人數，雖然只居赴日觀光的第二位，但是若以人均消費數量，台灣卻是高居第一，遠遠把韓國及中國大陸拋之在後。

而日本之所以能把服務業以人爲本的精神發揮到極致，並不在於管理，也不在於制度，主要在於日本人對於「專業」的尊重。日本是極度尊重專業的國家，不論你是在任何職位，從事任何工作，只要能夠在自己的專業領域當中做到頂尖，在日本社會便會得到相當崇高的地位，因此，日本便把具有特殊專長的專業人士，稱爲「工匠」。

爲了要尊重「工匠」的專業，在日本，不論是製作和服的裁縫師，製作木屐的木匠，亦或是演奏三味琴的琴師，或是表演能劇的演員，他們的收入與薪資都比一般行業要高出許多，以高收入、高社會地位來讓更多年輕人願意投入傳統文化，以延續傳統的工匠精神。試問在台灣，有多少人能夠以表演布袋戲及歌仔戲維生？這也難怪台灣傳統文化的延續，顯得岌岌可危。

## 制服是代表對工作的尊重

而爲了要凸顯每個行業的專業，日本發展出所謂的「制服文化」，在日本各行各業都會有其專屬的制服，連工地的建築工人都要統一在頭上綁上白色毛巾，穿著寬口的燈籠褲，而「制服文化」也顯示出從業人員對於自己工作的高度尊重。但是在台灣，除了白領階級及從業人員之外，又有多少勞動階級會以穿著制服，來顯現出對自己工作的尊重。

而一個國家到底尊不尊重專業，我們其實可以從該國的鈔票可以清楚看出。在過去台灣的鈔票上的肖像，大多是政治人物，不是蔣介石，就是孫中山，最近才將千元大鈔改爲四個小孩。反觀日本，萬元大鈔上的肖像是福澤諭吉，他是明治維新時期著名的政治思想家，同時也是日本慶應義塾大學的創辦人，他所提出的「脫亞入歐」論，至今

**福澤諭吉**

日本教育家

還深深影響著日本人的亞洲觀。

日本千元鈔票上的肖像是日本著名的細菌學家野口英世，他小時候因爲意外成爲殘疾，但是他殘而不廢，他從毒蛇當中所提煉出的血清，對於防治小兒麻痺及梅毒具有相當大的貢獻。他雖於一九二八年在非洲感染黃熱病而不幸病逝，但是位於美國紐約的野口英世紀念館，卻是日本青少年畢業旅行朝聖的必經之路，同時也是他們學習的最佳楷模。

日本新版的五千元鈔票肖像是樋口一葉（舊版的是日本武士道精神的鼓吹者新渡戶稻造），她是現代日本女性

**野口英世**
日本細菌學家

社會運動先驅者，同時也是首位成為日本紙幣人物的女性，她的生命雖然只有短短的二十四年，但是卻有如櫻花的曇花一現，帶給日本社會無限的追思與留念。反過來再看台灣，我們除了中正紀念堂（現改為民主廣場）、國父紀念館之外，政府有為漫畫家、文學家或是舞蹈家設立過紀念館嗎？

日本尊重專業的風潮，也具體表現在日本的電視節目當中，在一九九〇年代，日本最夯的電視節目便是《電視冠軍》。在這個節目當中，讓許多原本平凡無奇的素人，突然找到自己遺忘已久的特殊才能，之後一夕之間成為某領域

樋口一葉

日本小說家，亦是現代日本女性社會運動先驅者

的專業達人。

例如有聞到味道就知道是哪家拉麵店的拉麵達人；也有看到封盒就知道是哪家文具公司出產的文具達人，當然連很會吃東西的大胃王都能成爲一種達人。這個節目不但讓赤坂拉麵一炮而紅，更讓大胃王小林尊一夕之間成爲日本家喻戶曉的名人，這讓喜歡追求流行的日本人，興起一片學習各種特殊專業的風潮。

走在時代尖端的日本漫畫家，當然也要趕上這股浪潮，在許多漫畫家的精心設計下，孕育出許多教人各式各樣專業技能的知識性漫畫，例如教讀者如何品茗紅酒的《神之雫》；教人認識日本清酒的《夏子的酒》；教大家如何做日本壽司的《將太的壽司》，以及教導讀者們如何欣賞、品味法式料理精髓的《美味的關係》。在這片知識漫畫風潮之下，也順勢捧紅了亞樹直、尾瀨朗、寺澤大介以及槇村怜等日本漫畫家。

但是想要在日本成爲一位稱職的知識漫畫家，並非一蹴可幾。原本對紅酒一竅不通的亞樹直，爲了創作《神之雫》，親自到法國及義大利酒莊住了三年多，深入了解氣候、土壤以及各酒莊對紅酒的影響性；尾瀨朗爲了要畫《夏子的酒》，花了五年多的時間，深入日本岡山、新潟、熊本及青森等盛產稻米的農村縣分，以讓讀者了解大吟釀酒、純米吟釀酒、本釀造酒以及純米大吟釀酒之間的異同。而原本就是知名美食漫畫家的寺澤大介，爲了創作《將太的壽司》，還親身到東京的「數寄屋橋次郎」，以及北海道小樽的「政壽司」，潛心學習如何製作好吃的壽司。

## 從漫畫看匠人對專業的執著

由於先前在國內媒體的推波助瀾下，台灣大多數的讀者對於《神之雫》以及紅酒比較耳熟能詳，因此本文想轉而介紹國內讀者比較不熟悉的題材：日本清酒，以及教大家如何製作日本清

將太的壽司
作者：寺澤大介
東立出版社

神之雫
作者：亞樹直／沖本秀
尖端出版

酒的漫畫——《夏子的酒》，以及我個人最喜歡的，深富人道關懷的漫畫家尾瀨朗。

《夏子的酒》作者尾瀨朗，是日本著名的隱士漫畫家，他雖然是一位著作等身的漫畫家，但卻絕少在銀光幕前曝光。他的漫畫著作不但關懷人性，同時也關心社會，故事題材大多來自我們周遭的小人物，因此，自然很容易就讓人產生極大共鳴。

他的著作關懷日本社會的價值對立，例如關心日本農村世襲傳承的《夏子的酒》以及《奈津之藏》；也有描述日本傳統釀酒人故事的《藏人》；有關懷工業化破壞傳統農村土地價值的《家》以及《光之島》；還有描述外人難以察知的女性自由作家辛酸路程的《實之華》；更有從

**夏子的酒**

作者：尾瀨朗
尖端出版

攀岩運動來比喻現代社會中充滿激烈人際競爭的《登峰造極》。

《夏子的酒》的故事主角，是一位住在日本新潟縣的女生夏子，家中經營以日本古法釀造日本清酒的酒藏，夏子因爲受不了鄉下的無趣與荒涼，而決定隻身前往東京追求成爲廣告人的美夢，但是在一次回鄉探望生病大哥的機緣下，意外發現熱愛釀酒的大哥正在培育「虛幻之米」——龍錦。

在漫畫劇情當中，大哥不斷對夏子表達他對日本酒的狂愛，例如：「夏子，酒是太陽的光，是神給予我的最大恩惠。」「夏子，酒這味道是什麼都無法形容的，它就像是太陽的光線透過綾角，閃耀出彩虹般的七彩光澤。」而在大哥去世之後，夏子放棄東京多采多姿的生活，繼承大哥的遺志，並接下大哥遺留下來一千三百五十顆「虛幻之米」的種籽，並將這種稻米培育成功，進而釀造成爲日本第一美酒的故事。

尾瀨朗以夏子釀酒爲故事鋪陳的中心，除了介紹讀者各式各樣日本酒的種類，並體貼地在每集漫畫背後，附上日本酒的專有名詞，以供讀者查閱；同時也敘述了日本農村家業繼承的傳統，以及家族強大的凝聚力量。是一部兼顧日本酒知識以及鄉土人情的漫畫。

從這些漫畫當中，我看到日本匠人對於其專業的堅持與執著，也看到日本人對其傳統工藝的愛不釋手，而看過這些漫畫之後，我們是否也應該反思：在當今台灣社會，我們是否過度重視學歷文憑，卻忽視傳統工藝的繼承，以及專業技能的培養。台灣的不尊重專業，也造就現今台灣大學生滿街走，卻找不到水電工，這種奇特現象下的必然產物。

## 20 諾貝爾獎是恩賜，還是詛咒？

日本政府把獲得諾貝爾獎，視爲提升整體國力的一種表徵，誓言在未來五十年之內，要拿三十座諾貝爾獎。

二〇一四年的諾貝爾物理學獎日前揭曉，由中村修二、赤崎勇及天野浩等三位日本學者共同獲得，以表彰他們發明至今仍普遍應用在手機等3C產品的藍光二極體，而自從一九四九年湯川秀樹獲得諾貝爾物理學獎，鼓舞戰敗後日本國民的自信心以來，至今總計有二十一位日本人獲得諾貝爾獎的殊榮，是亞洲各國當中得獎者最多的國家，而日本政府也把獲得諾貝爾獎，視爲提升整體國力的一種表徵，誓言在未來五十年之內，要拿三十座諾貝爾獎。

但是諾貝爾獎卻正在悄悄的改變日本。

在這次諾貝爾物理學獎得主當中，曾經任職於日亞（Nichia）化學公司工程師，現今在美國聖塔芭芭拉大學任教的中村修二，無疑是最受矚目的一位。一九七九年中村於德島大學畢業之後，便進入日亞化學公司上班，並於一九九三年成功研發出「藍光二極體」，開拓ＬＥＤ產業的世界，因而被稱之爲「藍光之父」。中村發明藍光二極體之後，日亞化學公司在短短六年當中，便獲利一兆二〇八六億日圓（約一〇九・八七億美元），並從只有百人的小公司，一躍而成爲全球ＬＥＤ的領導企業。

但在中村研發出「藍光二極體」之

中村修二
藍光之父

後，日亞化學公司卻僅僅支付中村兩萬日圓（約六五〇〇元台幣）的獎勵金，這與中村對公司的巨大貢獻幾乎不成比例，爲此中村還被同行戲稱爲「中村奴隸」。於是，中村修二憤而於一九九九年向日亞公司辭職，轉至美國聖塔芭芭拉大學任教。中村到美國之後，便向東京地方法院對日亞化學公司提出專利權訴訟，要求日亞公司必須支付他二十億日圓的發明報酬，最後法院判決中村勝訴，日亞化學公司必須賠償中村八·三億日圓。

從過去以來，日本幾乎沒有任何員工爲了爭取專利權，而敢向公司提出行政訴訟，中村修二無疑創造了這個先例，而中村修二的這項判決，打破了日本從過去以來，視員工爲公司的附屬品，員工的任何發明，其智慧財產權全都歸於公司的不成文慣例；同時這項判決不但改變日本傳統的雇用關係，也改變日本集體主義的習俗，讓日本的員工更勇於向公司爭取應有的福利，因此，有人稱東京法院的這項判決爲「中村判決」。

## 諾貝爾文學獎，事關生死

另外，日本也曾經發生爲了爭取諾貝爾獎，而造成兩大文豪自殺的悲劇。我們來談談一九六八年日本首位諾貝爾文學獎得主川端康成，與另一位文學大師三島由紀夫的故事。

川端康成是日本著名的新感覺派文學❾大師，由於他幼年封閉的生活，養成他憂鬱、扭曲的性格，同時他對孤單、死亡的恐懼，也具體地表現在他的

❾為二十世紀初在日本文壇興起的一個文學流派，是日本最早出現的現代主義文學。主張文學以主觀感覺為中心，否定客觀，以「新的感覺」表現自我。

**川端康成**

日本文學大師，諾貝爾文學獎得主

成名作——《伊豆舞孃》及《雪國》這兩本小說上。另一位日本青年作家是三島由紀夫，他少年得志，曾以《金閣寺》得遍國內外文學大獎，因而一舉成名。三島同時也是日本軍國主義的支持者，由於一九四五年日本戰敗，再加上他的好友及妹妹都接連在那一年過世，讓三島陷入前所未有的人生低潮，也形成了他日後憤世嫉俗，及不服輸的強烈個性。

當三島由紀夫與川端康成並列爲日本戰後兩大文學大師之後，兩人雖是摯友，但卻彼此暗中較勁，當一人的作品獲得日本文部省大賞之後，另一個人一

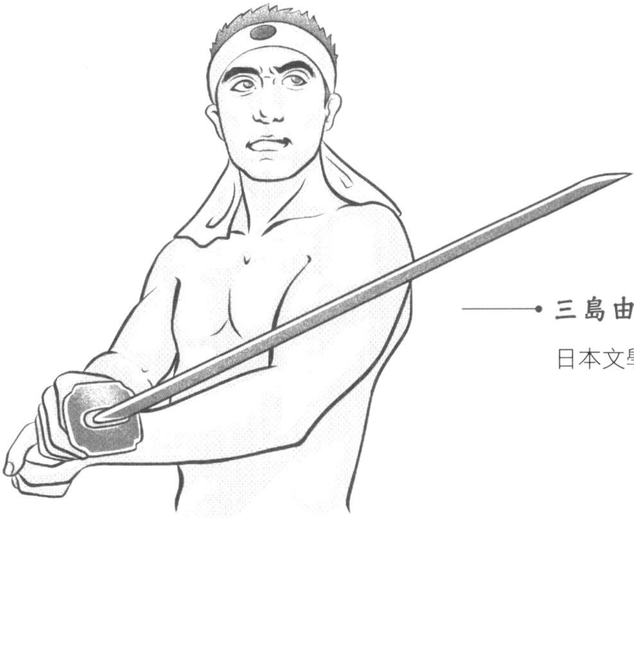

**三島由紀夫**

日本文學大師

定馬上跟進，直到他們得遍日本國內所有大獎之後，諾貝爾文學獎自然成爲兩人較勁的最佳場域。

一九五七年，三島由紀夫的作品《近代能樂集》被翻成英文，與世界的文壇接軌之後，三島便開始持續關注諾貝爾文學獎得主的消息，他認爲在日本應該非他莫屬，而當一九六八年諾貝爾文學獎公布得主是川端康成之後，三島便有如晴天霹靂，因爲這表示他今生已經無望獲得諾貝爾獎了（根據諾貝爾文學獎委員會的慣例，不會在短時間內把獎項頒給同一個國家），於是他臉色鐵青、不發一語地駕著自家跑車，在高速公路奔馳數小時。可見未能得獎對他的打擊之深。

由於三島由紀夫對於日本傳統的武士道精神，及嚴厲的愛國主義深爲讚賞，同時他也對於日本在二次大戰之後社會的全面西化，以及日本的主權受制於美國相當的不滿，於是三島選擇以最戲劇化的方式來結束自己的生命。

一九七〇年十一月二十五日，三島帶領四位盾之會成員[10]，闖進日本自衛隊總部，意圖發動軍事政變，他進入之後，綁架了自衛隊指揮官，並在廣場上對著八百名自衛隊學員演講，他呼籲放棄物質文明的墮落，找回古人純樸堅忍的美德與精神，成爲眞正的日本武士，但是現場卻沒有任何人呼應他，反而取笑他的愚昧，之後三島便在自己的頭綁上「七生報國」的白色頭巾，並當場切腹自殺。

當三島由紀夫切腹身亡之後，不少當代的日本作家紛紛趕到現場，但只有川端康成獲准進入，可是他卻沒能見到三島的屍體。這讓川端康成受到很大刺激，他事後曾經懊悔地對他的學生表示：「被砍下腦袋的應該是我。」於是就在三島由紀夫自殺後的十七個月，一九七二年四月十六日那一天，川端康成在自己的工作室，含煤氣管自殺，並未留下任何遺書。

日本兩大文豪爲了爭取諾貝爾文學獎相繼自殺，只留給後人不勝稀嘘的感嘆。

---

❿三島由紀夫讚賞日本傳統的武士道精神和嚴厲的愛國主義，對日本二戰之後社會的西化和日本主權受制於美國非常不滿。於是他便組織了自己的私人武裝軍力——「盾之會」，聲稱要保存日本傳統的武士道精神並且保衛天皇。

## 溫柔時代的第一棒

日本漫畫有三大傳統主題：熱血、友情和勝利。這些主題其實正是日本人講究團隊合作精神，以及追求第一的影響下所產生的，例如漫畫《火影忍者》當中的忍者小組講求合作、追求勝利，正是最佳例證。

日本講求競爭的漫畫集大成者，便是運動漫畫，戰後日本的運動漫畫起源於一九五〇年代，在一九六〇年代中期發揚光大，因爲日本在一九六四年舉辦東京奧運會，日本運動漫畫搭著這股奧運風，因而風行全日本。如《鄰家美眉》或《灌籃高手》這一類的熱血體育漫畫，大多強調競爭第一、賽果第二及團隊合作，這與日本武

鄰家美眉
作者：安達充
青文出版社

火影忍者
作者：岸本齊史
東立出版社

士道的精神相當接近，其中又以棒球尤甚。

棒球運動於明治維新時引進日本，因爲在棒球賽當中，投手與打擊手之間的對壘，有如昔日武士的相互對決，同時又講求團隊合作，故深受日本年輕讀者歡迎，於是棒球漫畫因應而生。在日本棒球漫畫故事當中的主角，並不強調個人主義，而是犧牲小我以完成團隊目標。

《灌籃高手》大家應該都耳熟能詳，因此本文想介紹另一部運動漫畫《鄰家美眉》，這部漫畫的作者是安達充，他的畫風簡潔明快，同時他也擅長描寫棒球、游泳、拳擊的高中生戀愛喜劇漫畫，作品當中涉及到棒球運動的又占多數。安達的畫筆下有揮灑熱血青春的運動場、有純眞微妙的愛情，也有眞摯溫暖的友情，因此被稱爲日

灌籃高手

作者：井上雄彥

尖端出版

本「溫柔時代的第一棒」。

這部漫畫的主角上杉達也從小就是運動天才，但他也是個愛護弟弟的好哥哥，上杉雖然運動細胞好，個性卻懶散，被棒球明星選手的弟弟上杉和也遠遠地甩在後面。在同學眼中，達也永遠是個只能當配角的笨哥哥，只有從小一起長大的淺倉南，既保持與和也之間兩小無猜的友誼，同時也對達也表達了愛意。

而和也從小為了實現淺倉南和自己共同的理想努力不懈，這種微妙關係一直持續到地方預賽的決賽前夜，故事最大的轉折發生了。和也在前往賽場途中為了救一個小孩而犧牲，本來打算和弟弟一較高下，以爭取淺倉南青睞的達也，陷入了進退兩難的局面。

最後為了一圓弟弟和淺倉南的夢想，達也決定參加棒球隊，他憑著自己的天賦和努力，在魔鬼教練柏葉英二郎指導下，最終取得了日本甲子園入場劵，而在實現夢想的同時，上杉達也發現了一直埋在自己最深處的力量：「上杉達也比世界上任何人都要愛著淺倉南」。

《鄰家美眉》這部漫畫故事曲折、情節緊湊，以棒球和愛情為線索，同時穿插了眾多栩栩如生的人物，同時《鄰家美眉》講述的不僅是運動和愛情，還包含了親情、友誼、夢想、拚搏、矛盾、挫折，展示了一個眞實的日本社會縮影，當時正處於經濟高度發展期的日本，也就像這故事裡的人物一樣有夢想、奮鬥、努力、阻礙，同時這部漫畫也激勵了當時日本年輕一代，爲了自己理想而奮鬥的意志。

再回到諾貝爾獎，我們從歷年來諾貝爾獎得主當中，看到日本厚實的基礎科學與強大的國力，但是我們從諾貝爾獎的得獎過程，也看到日本人彼此之間爲了競爭而不擇手段，甚至犧牲生命。諾貝爾獎究竟是日本的恩賜，還是詛咒呢？

第四部

# 從漫畫看你不知道的日本國際觀

# 21 從安重根看日本的東亞情節

同爲被日侵略的國家，過往的歷史問題，讓中韓兩國找到了共同交集點，一百年多年前安重根的英勇事蹟，竟然成爲中韓兩國對抗日本的歷史圖騰。

日前韓國總統朴槿惠訪問中國大陸，並前往哈爾濱車站主持安重根烈士紀念碑的揭幕儀式，中韓兩國在安重根問題上的聯手，引起日本政府的強烈抗議與不滿，日本指稱安重根並非烈士，而是一位殺人的罪犯。

而究竟安重根是誰呢？爲何他能引發中日韓之間的民族主義情節？安重根是二十世紀初，出身於黃海道（現在北韓境內）的愛國志士，也是韓國的民族英雄，南北韓雖然相互敵對，但在安重根的問題上卻是相當一致，安重根積極鼓吹朝鮮的獨立與自治，他因不滿當時的日本政府強行併呑朝鮮的政策，而在一九〇九年於哈爾濱車站，刺殺當時擔任朝鮮統監的日本前首相伊藤博文，因而被日本政府依謀殺罪判處死刑，時年才三十一歲。他死前留下遺言：「待國權恢復時，將我埋葬於祖國。」可見安重根對大韓民族的熱愛。

安重根濃烈的民族主義以及視死如歸的偉大事蹟，引發中韓兩國人民的高度讚賞，韓國在首爾市中心的龍山公園，設有安重根義士紀念館，中國大陸在旅順舊日俄監獄遺址設有安重根展示館，安重根的英勇事蹟，也在韓國被翻拍成電影《2009 失去的記憶》，在北韓也被拍成「安重根擊斃伊藤博文」的

**安重根**

刺殺伊藤博文的朝鮮人

紀錄片，韓國現代重工所建造的一潛艦，更命名爲「安重根號」。安重根不但是南北韓共同的民族英雄，也是中國人眼中的偉大烈士。

　　而在中日甲午戰爭之後，逼迫中國簽下羞辱的《馬關條約》的伊藤博文，最後竟然死於朝鮮人之手，歷史的諷刺，可見一斑。而在伊藤博文被刺殺之後，日本政府不但加快併吞朝鮮的腳步，同時也對朝鮮實施高壓統治，當時台灣與朝鮮同爲日本的殖民地，但是安重根刺殺伊藤博文事件，讓日本政府對於台韓兩地的統治方式出現截然不同的政策。當時在台灣，日本實施懷柔的皇

**伊藤博文**

日本第一任首相

民化政策，但對韓國卻是施行無情的軍事鎮壓，這是為何至今韓國人民對當時日本的統治，仍然感到忿忿不平；而在台灣，許多老一輩的台灣人，卻不時地緬懷日治時期的主要原因。

## 日本總是無法與鄰國交好

時過境遷，現今中韓兩國為何要共同來對抗日本呢？近期安倍上台之後，在富國強兵的路線，及找回日本往日大國榮光的政策下，與中國大陸引發釣魚台領土主權爭議，也與韓國在慰安婦及靖國神社等歷史問題吵得不可開交，而中國與韓國在二次大戰期間，同為被日侵略的國家，過往的歷史問題，讓中韓兩國找到了共同交集點，一百年多年前安重根的英勇事蹟，竟然成為中韓兩國對抗日本的歷史圖騰。

從歷史再回到現代，現今日本雖然已是亞洲數一數二的大國，但卻也是亞洲最沒有人緣的國家，因為它和北方的俄羅斯有北方四島的問題；和韓國則有獨島（日本稱之為竹島）問題；與中國大陸及台灣則有釣魚台主權爭議的問題。日本與美國、歐盟等國家可以交好，但卻無法處理好與周邊鄰國之間的關係，這一直是當今日本政府最大的痛。

而安倍二次上台之後反而提油澆火，他不顧美國的反對執意赴靖國神社參拜，還稱靖國神社內無英雄；他也將韓國抗日烈士安重根稱之爲「恐怖分子」，讓韓國政府大爲不滿；他在世界經濟論壇上更將當前的中日關係，比擬爲一次大戰前的英德關係，連美國駐日大使卡洛琳．甘迺迪都對安倍表示失望，希望中日韓三國能夠和解。這讓人不禁感覺安倍到底在進行實力之爭，還是追求個人的面子之爭。

「競爭」在西方社會是一項放之四海而皆準的遊戲規則，也是社會成長的主要動力。但是在崇尚名譽與愛惜面子的日本，「競爭」卻是一個不可告人的禁忌，也是要想方設法避免的遊戲，因爲對他們來說，「競爭失敗」便等同於「蒙羞」，而被外人「羞辱」之後，不是要採取消極的自盡，就是要採取積極的報復，這讓日本人對於「競爭」顯得格外敏感，也視爲對自己權威的一種侵犯。

因此在日本，所有社會制度的設計，都是要如何避免彼此的相互競爭，以維持人際關係的和諧性。例如日本的中小學並沒有留級制度，所有的小孩都要一起入學，一起畢業，不管他的成績是否能夠達到標準，因爲日本人無法接受失敗的事實；而日本企業也以「年功序列」（以年齡及年資）爲拔擢人才的唯一標準，以避免年輕人成爲年長者的上司，不管他的能力是否合乎要求，因爲日本人很難承受無能的指責。

儘管日本可以約束國內的人際競爭，卻無法改變來自國際政治的權力競逐。若把日本人眼中的這項「競爭法則」應用在當前的中日關係上，我們可以發現近期中日關係由盛轉衰的最大轉折點，其實並非在二〇一二年野田內閣的釣魚台國有化之時，而是早在二〇一一年，當中國大陸總體GDP超越日本成爲世界第二大經濟體之際。

因爲日本長占達三十六年之久的世界第二大經濟體地位，由中國大陸所取代，這不但顯示出中日兩國政經實力的反轉，也代表著日本經濟競爭的失利與蒙羞；而在中日兩國長期歷史恩怨的催化下，讓日本產生相當大的集體危機感，日本人不再把炮口朝向內部的政經改革不力，而轉向一致對外的追求大國榮光；同時這也讓日本人開始重新接受民族主義的目標，並尋求一位強而有力的領導人來對抗中國大陸，以透過富國強兵來重新找到了自我的國家定位。由此可見，表面上中日關係是領土主權之爭，實質上是兩國的實力消長之爭。

無可諱言，「富國」與「強兵」是安倍政策的兩大訴求，同時也是日本重返往日大國榮光的基礎，安倍深知日本若要「富國」，則要持續推動「安倍經濟學」，讓三支利箭更加強韌有力；安倍也深懂日本若要「強兵」，則要擺脫戰後的和平憲法，讓日本成爲眞正的正常國家。

但是安倍卻不知，通常一個國家都要先求「富國」之後，才能夠「強兵」，這是自古不變的定律；同時安倍也忽視，絕大多數的日本國民，其實只要「富國」，而不希望追求「強兵」。

## 日本應以史為鑑

也許是被高民意支持度沖昏了頭，也許是屢屢勝選帶來莫名的自信，從這次選舉過程當中，安倍走到石垣島強調守護國土，也大聲疾呼主張修憲，把日本列島當成是阻止中國大陸軍力向太平洋擴張的一輪明月，在安倍的眼中似乎只要「強兵」，而忘了「富國」。日本民眾把二〇一三年的參議院選舉，當成是經濟改革的必經道路，而安倍卻把它當成修改憲法的最後一里路。

在另一方面，安倍雖然以實施「安倍經濟學」來挽回人民對日本經濟的信心，也意圖以修改集體自衛權來強化自我防衛，更以拉攏東亞國家來對中國大陸進行遠交近攻，但是當這些舉措都無法改變中日勢力消長的現狀，也無法有效改善中日兩國的緊張關係時，安倍卻只能變本加厲地在國際場合大放厥詞，連美國政府都無法約束他的言行，這讓中日兩國逐漸由政經實力之爭，轉變為安倍個人的面子之爭，這不但讓日本的富國強兵之路開始走樣，也讓美日同盟的信任基礎出現了裂痕。安倍應該要以史為鑑啊。

而在日本漫畫當中，描繪日本近代史最為生動的莫過於《少爺的時代》，這本漫畫是由關川夏央與谷口治郎兩人共同著作，它曾經榮獲「手塚治虫文化賞」有史以來的最高分，這項紀錄至今無人能破，而這部漫畫是以日本文學家夏目漱石為中心，描繪在日本明治時期「文明開化」及「富國強兵」政策下，文學家與思想家的生活。

這部漫畫所描繪的日本思想家有夏目漱石、森鷗外、石川啄木、幸德秋水等人，而最令人注目的畫面，就是其描繪在明治三十八年（西元一九〇五）除夕，夏目漱石前往東京新橋車站，路上看到了德富盧花和國木田兩位小說家獨步在聊天。但由於是除夕，人群往來擁擠，所以夏目不便上前搭話，只好繼續前進。

而就在這時，有一個年輕人不小心撞到了漱石，懷中的書本因此散落一地，這位年輕人連忙道歉，旁邊剛好經過目睹這一情況的年輕軍官，也彎下

夏目漱石
日本文學家

身來幫忙撿起書本，歷史有時候總會有戲劇性的演出，那位撞到夏目漱石的年輕人，正是日後暗殺伊藤博文，被認爲是韓國反帝國殖民主義的代表人物安重根；而協助撿起書本的年輕軍官，則是後來發動太平洋戰爭的東條英機。這部漫畫利用這樣相逢的場景，來凸顯歷史人物的關連與巧合，更增添了一抹傳奇的戲劇性色彩，也讓此部漫畫更加引人入勝。

過去的人物已成往事，似乎已經無法再追回，但是歷史卻能留下明證，面對中韓這些搬不走的鄰居，日本是否也應該要以史爲鑑呢？

**少爺的時代**（「坊っちゃん」の時代）

作者：關川夏央／谷口治郎
双葉社

## 22

# 「零核電」終究是神話？

由於發展核電仍然是世界的主要潮流，再加上日本人民也已經「體驗」到停止核電所帶來的不便及高電價的苦痛，這種氛圍的群聚，逐漸在日本社會產生兩種效應。

二〇一一年日本發生福島核災之後，是否要持續發展核能發電便成爲日本國內各界爭辯的一項議題，日本是一個天然資源相當貧瘠的國家，所有的能源幾乎百分之百依賴進口，而發展核能有助於日本降低電力的成本，讓日本國民及企業享用低廉的電價，目前日本的核能發電約占總電量的三〇%左右，假若全面中斷核能發電的話，將會讓日本電價大幅攀升，勢必會增加國民的生活負擔，在增加能源進口的情況下，政府也會背負龐大的財政赤字，同時在替代能源無法及時補上的情況下，更會讓日本面臨全面缺電的危機。

而日本電力系統設計是相當奇特的，相同的國家，卻出現兩種不同的電力系統，原因在於明治時期日本布建全國電力系統時，爲了避免戰爭導致全國電力系統的癱瘓，便將全國的電力系統以靜岡縣爲分界點，將日本畫分成「東日本電力公司」及「西日本電力公司」，「東日本電力公司」採用德國系統，「西日本電力公司」則是採用美國系統，兩種電力系統是互不相容的。

而這次因爲地震而發生核輻射外洩的福島核電廠，便是屬於「東日本電力公司」系統，而福島核災發生之後，日本政府關閉福島鄰近的多座電廠，使得「東日本電力公司」出現缺電的危機，而「西日本電力公司」雖然電力充沛，但是卻因爲系統相異的關係，而無法將西日本的電力傳送給東日本，這是日本東京在福島核災之後，面臨限電危機的主要原因。由此可見，當時日本爲了戰爭的考量，而佈建兩種不同的電力系統，如今卻也因此而飽嘗缺電的苦痛，眞是人算不如天算。

## 為何日本遭受核災卻不廢核？

而在低廉電價及核能安全無法兼得的情況下，日本政府似乎面臨了「發展核電」及「關閉核電」的兩難局面。猶記得二〇一一年，日本發生福島核災之後，在日本國內強大的反核壓力下，當時的野田政府不得不宣布中止，全國二十座核電廠機組的運作，並提出日本將在二〇三〇年之前，達成「零核電」的目標。而當時的日本自民黨幹事長細田博之，便曾經說過：「世界不會因爲福島的不幸，而停止核能政策的推動。」「如果因爲福島的不幸，而停止核能發展的話，未來將會帶給日本國民更大的苦痛。」

細田的這兩句話，在當時福島核災記憶猶新，日本國內一片反核的聲浪下，自然遭到輿論界強烈的撻伐，還被冠上「不負責任的擁核狂人」稱號。但是幾年之後，我們再來重新檢驗這兩句話，似乎還有些許的靈驗！

首先在世界各國的核能政策上，除了德國宣布在二〇二二年全面廢核之外，美國、法國、英國、韓國及中國大陸，都做出未來將持續發展核電的決定；而爲了支撐經濟的發展力道，韓國政府更推動二〇三五年「核電倍增計畫」，計畫在未來二十年當中，每年興建一座核電廠，以達到四十四座核電廠的目標。由此可見，在沒有相對廉價的替代燃料供應之下，世界各國並沒有因爲福島核災，而中止核電的發展計畫。

其次是日本「零核電」的政策效果，就在野田「零核電」的政策宣布之後，日本政府曾經以停機檢查的名義，將全部的核電廠機組停止運作，但是在缺電及龐大的天然氣進口成本的壓力下，日本政府不但重新啓動關西大飯核電廠的運作，而日本國內電價也大幅調漲二〇％，造成國家財政及人民沉重的負擔。由此可見，在無法擺脫對核電的依賴下，停止核能電廠的運作，已經造成日本人民相當大的苦痛。

也就是因爲發展核電仍然是世界的主要潮流，再加上日本人民也已經「體驗」到停止核電，所帶來停電的不便及高電價的苦痛，這種氛圍的群聚，逐漸在日本社會產生以下兩種效應。

首先是從「零核電的想像」擺回到「高電價的現實」。當日本人民面對福島核災時，自然會對「零核電」的世界產生憧憬，但是憧憬畢竟是一種理想，也是一種想像，卻禁不起現實生活的考驗，而這三年多以來的高電價，已經逐漸把日本人民從「零核電的想像」拉回到「高電價的現實」，而這種想像與現實的落差，也逐漸在日本政治上發酵。

我們看到從眾議院、參議院至東京都選舉，打著零核電大旗的候選人都紛紛落選，特別是夾著高人氣、支持零核電的小泉純一郎，其所推出的細川護熙，卻以極大的差距敗給主張經濟發展的舛添要一。由此可見，在高電價的衝擊下，日本人民已經從全然反核，逐漸轉變成把核電當成是現階段可能的一個選項。

其次是從「零核電神話」轉移到「新安全神話」。安倍上台之後，雖然主張日本經濟要成長，就必須要打破過去「零核電」政策，但是他也強調唯有獲得安全保證的核電，才有重啓的可能性；而爲了取得日本人民的信任，他甚至在去年九月關閉唯一正在運轉的大飯核電廠，進行停機檢修，這讓日本人民感覺安倍政府對於核能安全的關注是遠遠大於重啓核電。這使得日本人民的訴求，從先前要求「零核電」，逐漸轉移到關注要如何建構一個安全核電的環境。

而日本民意從過去的「零核電神話」，逐漸轉移到認同安倍所建構的「新安全神話」，可以從日前朝日新聞所做的民意調查當中反映出來，雖然有高達五九％的日本民眾反對重啓核電，但是也有七七％的民眾支持在尙未取得有效的替代性能源之前，應該要進行階段性的廢核，而並非全然實施一步到位的「零核電」，這是安倍在二〇一四年四月十一日內閣會議上通過「能源基本計畫」，仍將核電定位爲重要的基礎電源，讓日本重啓核電的主要原因。

由此可見，福島核災之後並沒有改變各國的核能政策，但卻讓各國更加重視核能的安全性，馬政府雖然口口聲聲說：「沒有安全，就沒有核電。」對人民來說，卻不具有說服力，建議政府應該要仿效日本成立一個專業公正的「原子能規畫委員會」，由專家學者來檢測台灣核電廠的安全性，並決定台灣是否要重啓核四。

從日本看台灣，台灣在過去油電凍漲政策下，長期習於享受低電價的優惠，試問：如果核四停建，我們眞能忍受高電價的苦痛？台灣經濟眞能承受缺電的衝擊？而從日本的經驗來看，我們何不先將核四封存，等到大家都眞正體驗過缺電及高電價的苦痛，再做最後的定論。

## 宛如預言的科幻漫畫

而在日本漫畫當中，討論核電問題最有名的，無非是在二〇〇八年所出版的科幻漫畫：《核爆末世錄》，在二〇一一年福島核災發生之後，這部漫畫被譽爲「核能先知者」，因爲漫畫劇情與福島核災的場景，竟出現許多異曲同工之處。這部漫畫的作者是井上智德，他的作品並不多，而《核爆末世錄》是他最有名的作品，同時也讓他榮獲第五十八屆的「千葉徹彌賞」（日本地區性的漫畫獎）。

《核爆末世錄》的劇情描述在二〇一六年時，位於東京御台場的一座核能發電廠，在一場意外時突然發生大爆炸，這場爆炸讓巨量的核輻

核爆末世錄
作者：井上智德
尖端出版

射大量外洩，這場災難使得整個東京及其周邊城市，都受到高劑量核輻射污染的影響，於是日本政府便下令東京都的三千萬居民必須立刻撤離，這讓整個東京都從一座國際性大都市，轉眼間化爲一座死城，一九八〇年代的烏克蘭車諾比事件，似乎在日本東京重現。

而到了二十年之後的二〇三六年，日本廠商研發出一種「柯佩莉亞娃娃」（COPPELION），它是以基因改造技術所生產的複製人類，這種「柯佩莉亞娃娃」身上具有一種使放射性無效化的特殊基因，即使是處於普通人當場斃命的高輻射性的情況下，仍然可以不受到任何影響以下正常活動，而由三名女子高中生所形成的「柯佩莉亞娃娃」——瀨荊、野村妙子與深作葵，便組成了日本陸上自衛隊的第三師特種部隊，他們專門進行特殊的作戰活動。

而由於東京的高濃度殘留輻射水平，這使得日本政府依舊禁止任何人進入東京都內，這讓東京從而成爲一個死城，然而，有一天日本陸上自衛隊，卻收到從東京傳來的求救信號，所以日本政府連忙派遣瀨荊、野村妙子與深作葵，這三位「柯佩莉亞娃娃」進入無人的東京中，來尋找這些許久未被發現的生還者。

最引人入勝的是漫畫劇情當中，竟然出現與福島核災發生時似曾相識的場面。例如漫畫當中的日本首相夏目八郎，他雖然以主張反對核能而得到日本人民的高度支持，然而他對於核能的理解程度，卻與一般國民無異。其次，夏目首相為了此次核災而召開京都會議，並在會議上提出全球廢核的理想主義，同時以提出者的身分讓日本成為世界領導者，然而這項主張卻在會場遭到其他國家的完全忽視。

再從漫畫回到現實，在安倍經濟學已經成為日本發展的主流時，在經濟發展論的帶動下，重啓核電似乎也成為日本政府的唯一選項，這也讓日本維持三年的「零核電」神話，隨之幻滅。

# 23 《進擊的巨人》與中日關係

有人認爲這部漫畫其實是在隱喻現今的中日關係，如日本就是躲在高大城牆裡的人類，《美日安保條約》則是那三座保護日本的高大城牆；突然出現的超大型巨人，自然就是暗指軍事力量日漸強大的中國大陸。

最近有一部日本漫畫在台灣相當火紅，叫《進擊的巨人》，這部漫畫的作者名不見經傳，劇情也相當八股，但是卻能引起廣大讀者的青睞與關注，有人認爲最重要的因素在於，它確切地反映當前日本社會及外交困境的實情。

這部漫畫的作者叫諫山創，他畢業於日本大分美術設計學院，今年只有二十八歲，《進擊的巨人》是他唯一一部漫畫著作，但卻一炮而紅。《進擊的巨人》從二〇〇六年開始在講談社的《別冊少年》雜誌連載，至今已發行三千萬本，而他也因爲這部漫畫迅速累積了高知名度。

諫山創曾於二〇一三年來到台灣，參加「台北國際動漫節」，並舉辦首場海外簽名會，在該年動漫節當中，《進擊的巨人》自然成爲主軸，而漫畫當中打擊巨人的英雄——艾連．葉卡，不但占據了當天的主展場，同時也成爲cosplay們爭相模仿的角色，由此可見，這部漫畫在台灣所引發的風潮。

《進擊的巨人》劇情其實相當簡單，描述有一年，世界上突然出現了人類的天敵「巨人」，以到處捕食人類、吃人爲樂，當時面臨著生存危機，而殘存下來的人類只好逃到了一個地方，並蓋起三重巨大的城牆，在這道城牆的保

諫山創

《進擊的巨人》作者

護之下，人類在這隔絕的環境裡享受了一百多年的和平。

但是到了主角艾連·葉卡十歲的那一年，城牆外突然出現高達六十公尺的「超大型巨人」，以壓倒性的力量破壞城門，其後突然瞬間消失，之後巨人們便成群衝進牆內捕食人類。艾連親眼看著人們以及自己的母親被巨人吞食，懷著對巨人無法形容的憎恨，便誓言殺死所有巨人，因此艾連加入第一〇四期的訓練兵團，學習和巨人戰鬥的技術。

這部漫畫的劇情雖爲虛構，但卻相當寫實與震撼，特別是有關對於巨人的描述，更是栩栩如生。在漫畫當中，巨人並沒有消化器官，因此它無法消化人體，而巨人爲了讓自己保持空腹狀

進擊的巨人

作者：諫山創
東立出版社

態，在自己的體內形成某種透明包膜，以將啃食之後的人體包覆住後吐出。

其次大部分的巨人是以男性的外表存在，它沒有生殖器官，卻擁有極高的體溫，其生命力非常強的再生能力，即使頭部被轟飛，也能在一、兩分鐘內再生，而唯一能夠殺死巨人的方法，是必須要攻擊其後頸長一公尺，寬十公分的地方，而當此部位受到嚴重損傷後，巨人就無法再生並死亡。而要打倒一個巨人，平均要犧牲三十個人，可見人類與巨人之間實力的懸殊。

## 中國就是那高牆外的巨人？

也就是這部漫畫的寫實，以及劇情如此地似曾相似，因此引發讀者之間不同的聯想。有人認爲《進擊的巨人》這部漫畫，其實是在隱喻現今的中日關係，若與漫畫的內容作比較，日本就是躲在那三重高大城牆的人類，而《美日安保條約》則是那三座保護日本的高大城牆；突然出現的超大型巨人，自然就是暗指軍事力量日漸強大的中國大陸。

而中國大陸利用釣魚台主權爭議來對抗日本，這與漫畫當中的巨人以壓倒性的力量迫壞城牆，如出一轍。而鼓吹日本國家正常化及擺脫集體自衛權的安倍晉三首相，便是漫畫當中英勇對抗巨人的艾連．葉卡。它似乎在暗喻日本不應該躲在美國的核子保護傘之下，而是要勇敢的突破憲法第九條的限制，讓日本成爲眞正的正常國家，因爲再怎麼堅固的城牆，總有倒下的一天；再怎麼緊密的同盟國家，也會有背離的一天。

而對於外界將《進擊的巨人》與當今日本的安全困境做過度的聯想，同時也將作者比喻爲右翼保守的漫畫家，原作者諫山創感到相當不以爲然，他認爲外界對這部漫畫的聯想，已經違背他當時創作的本意，同時也扭曲了漫畫所描述的劇情，他也認爲對這部漫畫的劇情做過度延伸，其實是不利於當前中日關係的發展。

就在外界一片質疑的聲浪之下（特別是來自中國大陸的讀者），諫山創終於出面解釋，說出他創作這部漫畫的原由與心路歷程。他說《進擊的巨人》這部漫畫，其實是在隱喻當前日本的年輕人，他認爲日本的年輕人躲在日本社會福利的城牆內，完全不知道日本早已步入少子化、高齡化的社會，同時也在陷入長期經濟衰退之下，日本的整體經濟競爭力早已大不前，而全球化、自由化的浪潮就如同漫畫中那些超大型的巨人，它正在攻陷日本保護主義的城牆，他呼籲當前日本政府應該要拋棄經濟保護主義的藩籬，而年輕人更應該要走出去，積極與世界接軌。

其實不論《進擊的巨人》這部漫畫是在影射中日關係或是日本的年輕人，日本的對外關係與國內的經濟問題，是日本當前所面臨的兩大難題。例如日前日本首相安倍晉三說：「日本修改本國憲法，不需要向中國大陸及韓國解釋。」日本當然毋須向亞洲鄰國解釋，因為對安倍來說，日本早就已經脫離亞洲了。

自從安倍上台之後，日本就以鼓吹民族主義來進行「脫亞化」，日本雖然身處於亞洲，但是它的亞洲意識卻一向薄弱，而意識的薄弱，卻是建構於島國狹隘心理的優越感。而從過去歷史的經驗來看，每當日本的政經實力崛起時，就會急著想要脫離亞洲；當政經實力逐漸衰落時，日本又會重新回到亞洲！

一八八五年當日本明治維新成功之後，日本思想家福澤諭吉便在《時事新報》提出「脫亞入歐」論，他認為與其等待落後的鄰邦來共同開化復興，倒不如脫離亞洲諸國的行伍，一起與西方帝國主義共進退，反而成了一種軍事上的優越感；而一個世紀之後，當一九八六年在日本泡沫經濟到達最高峰時，日本右翼政論家長谷川慶太郎也出版《再見吧，亞細亞》一書，他把亞洲鄰國形容成是一座垃圾場，日本則是矗立在垃圾場上的巍峨高廈，那是一種經濟上的優越感。

當今日本經濟深陷入失落的二十年，以及軍事又受到戰後和平憲法的箝制，經濟及軍事的優越感都不復存在的同時，安倍又要如何來脫離亞洲呢？答案便是民族主義，以鼓吹民族主義來找回往日大國的榮光。

對安倍來說，要重新找回強大的日本，有三根支柱可以運用。第一是「安倍經濟學」，只要日本的經濟能夠持續成長與復甦，安倍政權的民意支持度便能歷久不衰，那是安倍的人氣；第二是對釣魚台領土爭議的強硬政策，只要持續鼓吹中國大陸的軍事崛起的威脅性，自然能夠凝聚國內右傾的民族主義，那是安倍的底氣；第三是美國政府的支持，只要採取對美國一邊倒的政策，對中國大陸周邊國家進行合縱連橫，自然可以對中國大陸形成強大的壓力，那是安倍的士氣。

## 日本終究脫離不了亞洲

然而在虛幻的民族主義推波助瀾下，卻讓安倍產生三項錯誤的亞洲觀。

首先是經濟的復甦，可以不需要亞洲：安倍經濟學的貨幣貶值政策及寬鬆的貨幣政策，讓日本經濟暫時找回復甦的力道，同時也讓安倍產生一種錯覺，那就是日本經濟的復甦可以不需要亞洲。但是日本的就業與實質薪資都未見提升，而中國大陸是日本的第一大貿易國，東協是日本第二大貿易夥伴，而韓國更是日本第二大出口國，而唯有改善與周邊國家的關係，日本經濟才能維持長期的榮景。

其次是鼓吹民族主義，就可以沒有亞洲：這波日本國內高漲的民族主義，主要是來自右翼團體對修改和平憲法的期待，安倍在職棒頒獎儀式上穿上九十六號球衣，大力宣傳他所主張修改憲法第九十六條降低修憲門檻，同時日本國內也出現殺死朝鮮人等排外言行的示威行動，在韓國更有八成國民不喜歡日本，由此可見，日本國家正常化的舉動不但引起周邊國家的疑慮，同時高漲的民族主義也破壞日本與周邊國家的正常關係。

最後是只要倒向美國，便可以脫離亞洲：為了要對抗中國大陸，日本一方面強化美日同盟，一方面串聯與中國大陸具有領土衝突的周邊國家形成自由與繁榮之弧，但是這些國家與日本都只是互取所需，並非眞正想要對抗中國大陸，而美國對日本並非是無條件的支持，它需要一個強大的日本來對抗中國大陸，但卻不要一個國家正常化的日本來破壞亞洲的權力平衡。

基於以上三點分析，可以說在中國大陸、韓國相繼崛起的效應下，日本早已經深陷亞洲而無法自拔了。安倍在民族主義驅使下，以祭拜靖國神社亡靈、恢復主權紀念日來爲日後的修憲大業鋪路，但是這些舉動只會讓日本與周邊國家的距離愈來愈遠，卻無法改變日本身處於亞洲的事實。

換句話說，在亞洲可以有一個孤立的日本，但是日本卻無法脫離亞洲。

## 24 風起了，日本要走向何方？

當右傾言論已逐漸成為日本國內主流聲音時，在安倍所主導下的國家正常化的這股風，究竟要把日本帶向何方？

「桃太郎」是日本最有名的神話，它的故事內容並不長，重點在於小巧的桃太郎長大之後，出征到鬼島擊敗體積比他大數十倍的惡魔。可見以小搏大的精神，在日本自古就有。另外日本的國技是「相撲」，而相撲是世界上所有運動當中，唯一不依照身高體重畫分等級的，只要滿一百公斤便可以上場，但你所面臨的對手卻有可能是體重兩百多公斤的小錦，而當體重只有一百多公斤的貴乃花使用技巧，把龐大的小錦推出土夯圈外時，全日本觀眾總是為他如痴如醉。以小搏大的精神早就深烙在民間。

而從日本近代史來看，從過去以來，日本也幾乎都在以小搏大，當日本明治維新成功不久之後，日本便發動中日甲午戰爭，最後在黃海之役擊敗中國；而日本在嘗到甜頭之後，緊接著便在一九〇四年發動日俄戰爭，在遼東半島擊敗俄國，這是當代唯一一次黃種人能夠擊敗白種人的戰役；在屢屢得勝之後，日本便在一九四一年以偷襲珍珠港的方式來攻打美國，這次終於踢到鐵板，最後才宣告戰敗投降。可以說以小搏大，一直是日本對外進行擴張的方式。

## 靖國神社，去或不去都是難題

戰爭，對過去受到日本侵略的鄰

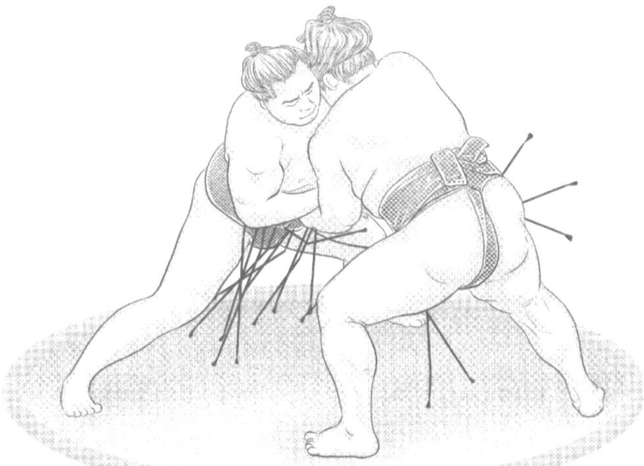

日本國技：相撲

國來說，一直是揮抹不去的記憶，但是對於現代的日本人民來說，卻彷彿是如同空白的失憶，因爲日本的教科書，對於這段歷史，通常是忽略而不談的，只有靖國神社才能暫時喚起他們過往的記憶。

矗立在東京飯田橋九段下的靖國神社，過去叫東京招魂社，它就如同我們的忠烈祠，裡面供奉著自從明治維新以來，二百六十多萬名爲國捐軀戰士的日本英靈，當然也包含十多萬台灣人及原住民的靈魂，因爲台灣曾被日本統治五十一年，許多台灣人在二次大戰期間被徵召到南洋作戰，身亡之後便被迎奉

日本靖國神社

到此，例如前總統李登輝的大哥李登欽的靈位，便被祀奉在靖國神社內。

過去每逢春祭或秋祭的時分，日本天皇或首相都會親自到靖國神社參拜，但是在一九七八年期間，靖國神社的祭司把十四名二次大戰期間的甲級戰犯靈位，悄悄地移入靖國神社之後，靖國神社便沾染上軍國主義的色彩，從此之後，只要有日本首相或閣員赴靖國神社參拜，都會遭到中國大陸或韓國等周邊國家的嚴重抗議。靖國神社的參拜問題，便成爲日本與鄰國外交關係好壞的試溫計。

但是在日本靖國神社的背後，卻是勢力相當龐大的日本遺族會，日本遺族會是由日本官兵遺族所組成的，全日本約有八百多萬會員，其中有十七萬人是自民黨籍，日本前首相橋本龍太郎、森喜朗都曾經擔任日本遺族會會長，而這些遺族會成員每年都會給日本政府施加壓力，要求首相及閣員去參拜靖國神社，而參拜靖國神社會引發日本與鄰國的緊張關係，這是外交議題；不去參拜卻會失去遺族會的龐大選票，這是攸關政權存續的問題。因此參拜靖國神社議題，常常讓日本執政者陷入兩難。眞是「靖國本無罪，庸人自擾之」。

在靖國神社旁邊還有一座「遊就館」，它是一座戰爭博物館，裡面陳列著二次大戰期間，日本成功偷襲美國珍珠港的電報，以及戰敗後日本陸軍大臣阿南惟幾切腹自殺時的遺書，最引人注目的是，它還存放著二次世界大戰末期，日本神風特攻隊的飛機，以及飛行員的遺書，還有日本用來在水面下攻擊美國船艦的人肉炸彈——回天魚雷。

日本的國花是櫻花，它的開花時間總是如此短暫就凋零，這也影響了日本人的生命觀，它不強調所謂的永垂不朽，而只在意是否能夠在一瞬間發揮光芒。日本在二次戰爭末期所發動的神風特攻隊及回天魚雷，便是在這種神聖使命感下所形成的產物。

神風特攻隊是由日本海軍中將大西瀧治郎所倡議的，它利用日本傳統武士道的精神，以飛機來衝撞美國航空母艦的方式，用「一機換一艦」的最小資源來創造最大破壞力，盼挽回戰爭的頹勢。而在二次大戰期間，日本神風特攻隊共計擊沉美國兩艘航空母艦、四艘驅逐艦，但日本也犧牲了兩千五百位神風特攻隊員。

另外，回天魚雷是由日本海軍大尉黑木博司所倡議的構想，而取「回天」之名，主要是希望能夠逆轉戰勢的願望，由於它是利用人來操縱魚雷，故又名「人肉魚雷」。回天魚雷直徑約一公尺，但是卻可以裝載一．五五噸的炸藥（是一般魚雷的三倍），因爲它是由人來操縱魚雷的方向，故命中敵艦的機率相當高，由於魚雷在水面下的操縱相當困難，因此在二次大戰期間，回天魚雷的戰果並不大，出擊戰死的隊員也僅有一〇六人。由此可見，神風特攻隊及回天魚雷，應該是現今在中東地區廣爲盛行的自殺炸彈之始祖。

## 右翼思維下的微弱呼聲

針對過去二次世界大戰期間的這段歷史，在日本國內有一股反戰的聲音與力量，而日本動漫大師宮崎駿便是代表人物，他最近的代表作《風

風起
作者：宮崎駿
台灣東販

起》，便具有濃厚反戰的色彩，也是對二次大戰時期日本對外侵略作爲的一種省思，在現今日本濃厚的右翼色彩浪潮下，形成一股反戰的聲音與清流。

《風起》這部動漫是描述日本零式戰鬥機設計者堀越二郎的故事，零式戰鬥機是二次大戰期間，日本性能最佳的戰鬥機，也是日本能夠接連對外侵略的最佳武器。它的低噪音、輕重量及省油，讓日本軍事能力能夠遠達東南亞及太平洋諸島，同時也在日本偷襲珍珠港之役作出巨大的貢獻，但是之後在聯軍的反攻及日本節節敗退之下，零式戰鬥機卻也成爲日本神風特攻隊，以犧牲生

零式戰鬥機

命來擊沉美國船艦的自殺工具，日本眞是成也零式戰鬥機，敗也零式戰鬥機。

堀越二郎出生於二次大戰前的日本，他從小夢想設計出自己的飛機來翱翔天際，而當時的日本卻接連遭逢經濟大蕭條及關東大地震，使得整體國力搖搖欲墜，在日本國內經濟衰退及外國勢力的崛起，給予日本國內軍國主義興起的溫床，迫使日本走向對外侵略的軍國主義路線。

堀越二郎當時在愛人菜穗子的支持與鼓勵下，終於設計出性能優越的零式戰鬥機，原本零式戰鬥機是要使用在和平用途，但是在當時日本國內軍國主義高漲的氛圍下，卻被使用來成爲日本對外侵略的最佳工具。

而現今的日本，也與二次大戰之前的氛圍相當類似，日本接連遭逢長期的經濟衰退及三一一大地震之後，在安倍主政下的日本，接連以鬆綁集體自衛權、修改憲法第九條的方式來邁向正常國家，逐漸步向過去軍國主義的老路，而宮崎駿的《風起》便是具有警告的意涵，他把正常國家比喻爲零式戰鬥機，當日本成爲正常國家之後，可以做爲世界和平的守護者，也可以成爲對外的侵略者，他呼籲日本必須反思，不要再重蹈二次世界大戰的覆轍，他說：「這股風已經起了，但是它到底會把日本吹向何方呢？」

因此《風起》這部動漫的出現，與日本現今國內的主流氛圍是如此格格不入，自然這部動漫裡的內容也惹惱了一些日本國內的民族主義者，再加上電影上映當天，宮崎駿在吉卜力發行的刊物《熱風》裡，批評關於日本首相安倍晉三修憲的言論，許多日本國內右翼的媒體，竟將宮崎駿視爲國家叛徒。由此可見，當右傾言論已逐漸成爲日本國內主流聲音時，我們發現其他不同的聲音與意見，早就已經被埋沒在富國強兵的口號當中，我們擔心的是在安倍所主導下的國家正常化的這股風，究竟要把日本帶向何方？

歷史總是如此弄人，堀越二郎所設計的零式戰鬥機，是日本能在二次大戰所向披靡的主力戰機，但是最後卻也成爲神風特攻隊，用來犧牲自己年輕生命的自殺飛機，這應該是堀越二郎當初所沒想到的吧。

The Eurasian Publishing Group
圓神出版事業機構
用心與你對話・視野無限寬廣
先覺出版社
Prophet Press

http://www.booklife.com.tw　　reader@mail.eurasian.com.tw

看世界系列 002

# 上一堂最好玩的日本學：
## 政大超人氣通識課「從漫畫看日本」

作　　者／蔡增家
插　　畫／米洛可
發 行 人／簡志忠
出 版 者／先覺出版股份有限公司
地　　址／台北市南京東路四段50號6樓之1
電　　話／（02）2579-6600・2579-8800・2570-3939
傳　　真／（02）2579-0338・2577-3220・2570-3636
郵撥帳號／19268298　先覺出版股份有限公司
總 編 輯／陳秋月
專案企畫／賴真真
主　　編／莊淑涵
責任編輯／許訓彰
美術編輯／王　琪
行銷企畫／吳幸芳・林心涵
印務統籌／劉鳳剛・高榮祥
監　　印／高榮祥
校　　對／莊淑涵
排　　版／杜易蓉
經 銷 商／叩應股份有限公司
法律顧問／圓神出版事業機構法律顧問　蕭雄淋律師
印　　刷／龍岡數位文化股份有限公司
2015年 4月　初版
2021年 3月　14刷

定價 300 元　　ISBN 978-986-134-249-8

「本書讓讀者了解到，日本漫畫既可以是休閒娛樂，也可以是知識文本，更可以是認識當代日本的窗口。」

——政治大學日本研究碩士學位學程主任　李世暉



國家圖書館出版品預行編目資料

上一堂最好玩的日本學：政大超人氣通識課
「從漫畫看日本」／蔡增家 著. -- 初版
-- 臺北市：先覺，2015.4
240面；14.8×20.8公分 --（看世界系列；2）
ISBN 978-986-134-249-8（平裝）

1. 文化　2. 漫畫　3. 日本

731.3　104002223